Thoughts Form Matter

4 → 6
Vorwort
Foreword

7 → 15
Einleitung
Introduction

19 → 74
Interviews
Henke Schreieck
Sagmeister & Walsh
LAAC
Interviews
Henke Schreieck
Sagmeister & Walsh
LAAC

77 → 89
Installationen
im Österreich-Pavillon
Installations in the
Austrian Pavilion

91 → 125
Impressionen
Impressions

127 → 163
Biografien
Biographies

164 → 169
Sponsoren
Sponsors

170 → 171
Team und Produktion
Team and Production

172
Impressum
Imprint

4 → 172

→ **Thoughts Form Freespace**

Der Beitrag Österreichs zur 16. Internationalen Architekturausstellung in Venedig trägt den Titel **Thoughts Form Matter** und steht im Kontext des Generalthemas der diesjährigen Architekturbiennale „Freespace". Die beiden Hauptkuratorinnen, Yvonne Farrell und Shelley McNamara, die gemeinsam als Grafton Architects firmieren, beschreiben Freiraum oder Freiräume in ihrem kurzen Manifest als „Großzügigkeit des Geistes". Sie stellen Humanität im Sinne geistiger Offenheit in den Mittelpunkt einer Architektur-Agenda und übersetzen diese Haltung in Bezug auf das Schaffen von Raum als Achtsamkeit im Umgang mit Ressourcen, vor allem aber als Anspruch, hochwertige räumliche Qualitäten zu erzeugen, die Ausdruck dieser Offenheit sind. Diese Qualitäten zeigen sich als Inhalt und Form zugleich. Sie wirken auf die Nutzer und Nutzerinnen, indem Freespace-Architekturen über eben diese Großzügigkeit verfügen. Grafton Architects räumen mit ihrem Manifest Begriffen wie „Atmosphäre" und „Schönheit" Platz ein. Sie verorten diese als menschliche Bezugssysteme, befreien sie aus der Ecke des Banalen und verknüpfen sie als Grundbedürfnis und Grundkonstante von Wahrnehmung mit dem Alltag der Menschen. Atmosphäre entsteht nicht durch Objekte allein. Als gemeinsame Wirklichkeit des Wahrnehmenden und des Wahrgenommenen ist sie allgegenwärtig und die wirkmächtigste – und dadurch auch nicht unproblematische – Konstante in der Wahrnehmung von Welt. Der primäre Gegenstand von Wahrnehmung ist Atmosphäre, sind Atmosphären. Für die Bespielung des Österreichischen Pavillons in den Giardini hat Kommissärin und Kuratorin Verena Konrad drei Teams gewählt und diese mit dem diesjährigen Generalthema „Freespace" konfrontiert. Henke Schreieck, LAAC und Sagmeister & Walsh deuten in ihren Beiträgen Freiraum als räumliches wie als ideelles Konstrukt und definieren damit Architektur als geistige Leistung. Eine solche Leistung gelingt nicht unabhängig von Denktraditionen und Bezugssystemen. So haben Henke Schreieck, LAAC und Sagmeister & Walsh miteinander ein Nebeneinander komponiert, das unterschiedliche Aspekte von „Freespace" deutet – als komplex dynamisches System, als wandlungsfähige Sphäre, geprägt durch Koexistenz. Drei Rauminstallationen, die teilweise ineinander übergehen, materialisieren beziehungsweise visualisieren Begriffe wie „Abweichung", „Atmosphäre" und „Schönheit". **Thoughts Form Matter** ist ein Plädoyer für die Kraft von Architektur als intellektuelle Auseinandersetzung mit der Welt und für die Freiheit, Räume auch abseits funktionalistischer und ökonomischer Zwänge zu denken.

Ich bedanke mich bei Henke Schreieck, LAAC, Sagmeister & Walsh und Verena Konrad und wünsche der Ausstellung wie auch dieser Publikation einen langfristig wirksamen Erfolg.

Gernot Blümel
Bundesminister für EU, Kunst,
Kultur und Medien

→ **Thoughts Form Freespace**

The Austrian contribution to the 16th International Architecture Exhibition in Venice is entitled **Thoughts Form Matter** and can be seen in the wider context of the general theme of this year's Architecture Biennale "Freespace". The two main curators, Yvonne Farrell and Shelley McNamara, who work together as Grafton Architects, describe free space or free spaces in their short manifesto as "generosity of spirit". They place humanity in the sense of intellectual openness at the core of an architectural agenda and interpret this approach in the context of the creation of space as the mindful use of resources and, particularly, as the aspiration to create refined spatial qualities that are the expression of this openness. These qualities manifest themselves as both content and form. They affect users precisely because Freespace architecture has such generosity. In their manifesto, Grafton Architects acknowledge the role of such notions as "atmosphere" and "beauty". They position these as human systems of reference, release them from the shackles of banality and, by identifying them as basic needs and basic constants of awareness, relate them to everyday life. Atmosphere is not generated by objects alone. As a reality shared by the perceiving and the perceived it is not only ubiquitous but also the most effective – and hence a not unproblematic – constant factor in our perception of the world around us. The principal subject matter of perception is atmosphere, atmospheres. Commissioner and Curator Verena Konrad has invited three teams to occupy the Austrian pavilion in the Giardini and confronted them with this year's general theme of "Freespace". In their contributions Henke Schreieck, LAAC and Sagmeister & Walsh interpret free space as a spatial and a spiritual construct and, in doing so, define architecture as an intellectual process. Such a process cannot succeed without regard to traditions of thought and systems of reference. Henke Schreieck, LAAC and Sagmeister & Walsh have worked together to compose parallel contributions which hint at various aspects of "Freespace" – as a complex dynamic system and as a versatile realm which is shaped by coexistence. Three spatial installations that partly merge and materialise or visualise such notions as "deviation", "atmosphere" and "beauty". **Thoughts Form Matter** is a plea for the power of architecture as an intellectual analysis of the world and for the freedom to design spaces that are not subject to functional and economic constraints.

I would like to thank Henke Schreieck, LAAC, Sagmeister & Walsh and Verena Konrad and wish both the exhibition and this publication true, long-term success.

Gernot Blümel
Federal Minister for the EU,
Arts, Culture and Media

→ **Thoughts Form Matter**

Der österreichische Beitrag zur Biennale Architettura 2018 ist ein Plädoyer für Gestaltung, die sich als ein Formulieren von Ideen versteht. Das Schaffen von Architektur als kulturelle Praxis setzt auf Inhalt statt auf gebaute Funktionsschemen. Dieser Inhalt ist eine Vision von Zusammenleben und das Vermögen, bestehende Regelwerke zu hinterfragen und neu zu erfinden. Im Streben nach diesem kontextuell immer wieder Neuen entstehen Dinge von Bedeutung. Im Kleinen wie im Großen. In Relation zum Vorhandenen. Im Rück- und Ausblick auf das, was denkbar ist.

Architektur ist heute ein weites Feld und vernetzt mit vielen anderen Disziplinen. Die Komplexität der Anforderungen, die an Architekt/innen und Gestalter/innen gestellt werden, machen eine permanente, intellektuelle Rückversicherung notwendig, damit sich Architektur und Design nicht in Pragmatismen verlaufen und in einer neoliberalen Logik aufgehen, die von Rationalisierungsmomenten und Effizienzstreben beherrscht wird. Architektur steht nicht nur im Dienst einer ästhetischen Ökonomie. Gestalter/innen brauchen Theorie, Konzepte, eine ausformulierte Haltung, um die politischen, sozialen und kulturellen Implikationen des eigenen Handelns kritisch reflektieren zu können. LAAC, Henke Schreieck und Sagmeister & Walsh beschreiben ihre gestalterische Praxis als abstrakten Denkprozess, der eine konkrete Form sucht, in welcher Ästhetik, Funktion und Konstruktion zu einer Balance finden. Basis dafür ist immer eine Analyse der Aufgabe in ihrem gesamtgesellschaftlichen Kontext und der Produktionsbedingungen, die ebenso Teil dieser kulturellen Setzung sind.

Der Beitrag **Thoughts Form Matter** nimmt auf diese Vielschichtigkeit Bezug. So haben sich die drei geladenen Teams sowohl mit dem räumlichen als auch historischen Kontext der Biennale di Venezia und mit dem Generalthema „Freespace" auseinandergesetzt, dem Ort und seinem Umfeld, mit der Biennale di Venezia als institutioneller Größe, mit dem Pavillon, der von den Besucher/innen als Teil eines Ganzen mitrezipiert wird. In drei Installationen, die sich inhaltlich und räumlich überlagern und überschneiden, nähern sich LAAC, Henke Schreieck und Sagmeister & Walsh dem Prinzip von Architektur und Gestaltung als Erzeugen eines neuen Kontextes und als relationale Größe. Wir deuten „Freespace" damit als räumliches wie auch ideelles Konstrukt, als komplex dynamisches System, als wandlungsfähige Sphäre, geprägt durch Koexistenz. Drei Rauminstallationen, die teilweise ineinander übergehen, materialisieren beziehungsweise visualisieren zentrale Begriffe wie „Atmosphäre", „Abweichung" und „Schönheit" als Ausformulierungen dieses Gedankenkonstrukts, die die Besucher/innen einladen, sich selbst in diesem Gefüge als Akteur/innen zu positionieren und Haltung einzunehmen.

Am Beginn unserer Arbeit stand das Manifest von Grafton Architects. Es spricht von großzügigen Gesten, von Atmosphäre und Schönheit, von einem kulturellem Anspruch, der auch Basis unserer Arbeit, auch abseits der Biennale, ist. Freespace ist in der Deutung von Grafton jener kulturelle Mehrwert, der durch sorgsame Gestaltung entsteht – im Kleinen wie im Großen, im Beständigen wie Temporären. Es ist jener Bereich, um den Architekt/innen zunehmend kämpfen müssen, der vielfach ausgespart wird. Es ist ein nicht kalkulierbarer Raum, ein geistiger, anregender Raum. Ein Raum, der zunächst sogar destabilisiert – nämlich die Wahrnehmung –, um Räume entstehen zu lassen, die das Potenzial haben, unverwechselbar und physisch wie geistig wirksam zu werden.

So haben sich alle drei Teams auf eine Textpassage aus diesem Manifest bezogen, haben diese als eigenen Gedanken weiterentwickelt und räumlich umgesetzt. Eine Vorgabe war die Einbeziehung des Pavillons als Architektur wie auch seiner Umgebung. Ein weiterer Punkt in unserer Zusammenarbeit war eine Kultur der Kooperation. Es war uns wichtig, die Beiträge in ihrer Differenz bestehen zu lassen und sie im Sinne eines Koexistierens nicht abzugrenzen, sondern als gemeinsam komponiertes Nebeneinander für die Besucher/innen aufzuarbeiten. Der vierte Punkt unserer Überlegungen galt den Besucher/innen des Pavillons, der Biennale als Ausstellungssetting und der Lage des Pavillons am Areal.

Für alle Beteiligten hat sich Freespace im Österreichischen Pavillon zunächst mit dem Moment einer Abweichung und Destabilisierung verbunden. Das 1934 von Josef Hoffmann entworfene und gemeinsam mit Robert Kramreiter realisierte Bauwerk hat eine axialsymmetrische Struktur. Diese strenge Symmetrie zu brechen und damit den Shift von einem absoluten zu einem relationalen Verständnis von Raum erfahrbar zu machen, war ein gemeinsames Anliegen in diesem Kontext. So hat die präzise Analyse des Pavillons durch eine neuerliche Vermessung eine neue Lesart für LAAC ergeben. Die geschwungene Gartenmauer im Innenhof, die 1954 und damit 20 Jahre später von Josef Hoffmann hinzugefügt worden ist, deuten LAAC als Revolutionieren seines eigenen Entwurfs. Diese Geste wurde zur Basis für die Arbeit „Sphäre 1:50.000". Die Sphäre ist eine radikale Form. Sie ist, spürbar durch ihre Unterkonstruktion, ein Körper, ein „Bodenkörper" nach phänomenologischer Lesart, der sich gedanklich zu einer Kugel weiterformt, die in einem mathematischen Verhältnis von 1:50.000 zur Erde steht. „We see the earth as client", formulieren Grafton in ihrem Manifest. LAAC, die stark landschaftsbezogen arbeiten, haben diesen Gedanken weitergesponnen und verweisen damit auf die Verantwortung, die wir für diesen Planeten wahrnehmen müssen. Sie verweisen auch auf die Spuren, die wir hinterlassen – als verzerrte Spiegelung aller kulturellen und natürlichen Einflüsse, die sich hier abzeichnen, wie auch in Form der Verletzlichkeit dieser Sphäre, die jegliche Einflüsse intensiv rezipiert als Hitze, Kratzspuren und Dellen auf der Metall-„Haut" –, und somit auf die Notwendigkeit, die eigene Position auf diesem Boden, diesem Erd-Körper zu reflektieren.

Auf dieser Grundlage der Sphäre entwickelten Dieter Henke und Marta Schreieck ihren Beitrag „Layers of Atmosphere". Die Ambivalenz des Raumes ist ein Topos, den Henke Schreieck in allen Projekten ausreizen. Auch in ihrer Arbeit für die Biennale spielt die Symmetrie des Bauwerks eine zentrale Rolle. In den beiden spiegelgleichen Räumen der vorderen Achse des Pavillons brechen sie diese Symmetrie nun durch das Spiel mit Material und Konstruktion. Rationalität wird hinterfragt und in Poesie aufgelöst. Wie bei der „Sphäre" wird dieser Raum in Bewegung erfahrbar. Die Besucher/innen können den Raum auch vertikal erschließen und sich damit neue Blickachsen und Perspektiven erarbeiten. Wie ein eingestelltes Möbel wirkt der konstruktive Teil, gefertigt aus Eichenholz. „Das eingestellte Objekt erschließt den Gesamtraum", sagen Dieter Henke und Marta Schreieck dazu und verweisen damit auf einen weiteren Grundsatz ihrer Arbeit, der vom Städtebau her kommt.

Eine Papierarbeit, gemeinsam entwickelt mit Anna Rubin, weht im gegenüberliegenden Raumteil im Wind, der kontinuierlich an die Nähe zu Wasser und Wellen erinnert. Das Papier klingt, bewegt sich, lädt zu Berührung ein, ummantelt die Besucher/innen, erzeugt Licht- und Schattenspiele im Raum und spiegelt sich in der „Sphäre", die konsequent den Raum durchzieht.

Während die Arbeiten von LAAC und Henke Schreieck räumlich, architektonisch das Thema der diesjährigen Biennale in den Österreichischen Pavillon einschreiben, tut sich mit der Arbeit von Sagmeister & Walsh eine weitere Dimension ästhetischer Erfahrung auf. In den beiden kleinen Räumen, die den Innenhof rahmen, zeigen Jessica Walsh und Stefan Sagmeister eine neue Serie von „Typography Videos". Inhaltlich nehmen sie damit auf den Schönheitsbegriff im Manifest von Grafton Bezug, formal ist es eine Erweiterung, die unser räumliches Verständnis in Bezug zu einer digitalen Kultur setzt und damit die Beziehung von Imagination und Virtualität thematisiert, denn diesmal ist das Material, das sich hier vor dem Auge ausbreitet, computergeneriert. Scheinbar hochtransformative Materialien, nur erdacht und dargestellt, verformen sich zu typografischen Mustern. Begleitet wird das visuelle Spektakel von zwei Begriffen: Schönheit und Funktion. Ein geflüstertes Manifest proklamiert die Bedeutung von Schönheit für Mensch und Gesellschaft.

Mit unserer Deutung von Freespace als geistigem Raum und als Abweichung von starren Funktionsschemen und absoluten Setzungen möchte der österreichische Beitrag zu einer Reflexion ästhetischer Erfahrung anregen und diese als Kategorie in den Architekturdiskurs zurückholen.

Ich bedanke mich bei Kathrin Aste und Frank Ludin, Marta Schreieck und Dieter Henke, Jessica Walsh und Stefan Sagmeister für die gemeinsame Zeit und Arbeit. Mein Dank gilt allen Kolleg/innen, die das Projekt inhaltlich und organisatorisch begleitet haben, den vielen Unterstützer/innen und Helfer/innen und im Besonderen meiner Kollegin Katharina Boesch.

    Verena Konrad
    Kommissärin und Kuratorin

→ **Thoughts Form Matter**

The Austrian contribution to the Biennale Architettura 2018 is a plea for an approach to design that sees itself as a formulation of ideas. The work of the architect as a cultural practice is based on content rather than the realisation of functional diagrams, content that embodies both a vision of living together and the ability to question and rewrite the existing rules. This constant search for contextual reinvention leads to significant innovations. Small and large. Related to the existing. Looking backwards as well as looking forwards to all that is possible.

Today, architecture is a broad field that is integrated with many other disciplines. The complexity of the demands placed upon architects and designers means that intellectual reassurance is essential if architecture and design are to avoid drifting into pragmatism and succumbing to a neoliberal logic that is dominated by the momentum of rationalisation and the search for efficiency. Architecture is more than the mere servant of an aesthetic economy. Designers need theories, concepts and a formulated position if they are to critically reflect upon the political, social and cultural implications of their own actions. LAAC, Henke Schreieck and Sagmeister & Walsh describe their design practice as an abstract thinking process that is searching for a concrete form in which aesthetics, function and construction are in equilibrium. The basis of this is invariably an analysis of the task in its social context and of the production conditions which also form part of the cultural setting.

The contribution **Thoughts Form Matter** refers to this complexity. For example, the three invited teams addressed the spatial and historic context of the Biennale di Venezia, the general subject of "Freespace", the place and its context, the Biennale as a major institution and the pavilion itself, which is regarded by visitors as part of a wider whole. In three contentually and spatially overlapping and intersecting installations, LAAC, Henke Schreieck and Sagmeister & Walsh approach the principle of architecture and design as the creation of a new context and as a relational dimension. In doing so, "Freespace" is interpreted as both a spatial and a spiritual construct, as a complex dynamic system and as a versatile realm which is shaped by coexistence. Three spatial installations that partly merge as they materialise and visualise such concepts as "deviation", "atmosphere" and "beauty" as formulations of this notional construct, that invite visitors to position themselves in this fabric as actors and to adopt a position.

The starting point for our work was the manifesto of Grafton Architects. This speaks of generous gestures, of atmosphere and beauty and of a cultural imperative that is also a basis of their work away from the Biennale. Freespace is interpreted by Grafton Architects as the cultural added value that emerges from careful design – small-scale or large, permanent or temporary. It is that space for which architects are increasingly having to fight, where savings are always being made. It is a spiritual, exhilarating space that cannot be reduced to mere numbers. A space which, initially, even destabilises our perceptions in such a way that new spaces can emerge which have the potential to be both distinct and intellectually powerful.

Hence, each of the three teams took a passage of text from this manifesto, developing and spatially implementing it in the shape of their own idea. One requirement was that, in doing so, they involved both the architecture of the pavilion and its wider context. A further key element was a culture of cooperation. At the same time, it was important to us to enable these contributions to follow their own, very different paths, developing them for the visitors in the form of a jointly composed juxtaposition rather than placing limits upon them in the name of coexistence. The fourth area of reflection for our cooperation involved the visitors to the pavilion, the Biennale as the setting for an exhibition and the location of the pavilion in the Giardini.

"Freespace" in the Austrian Pavilion started with a moment of destabilisation and deviation for all participants. Designed by Josef Hoffmann in 1934 and developed together with Robert Kramreiter, the building has an axial symmetrical structure. Given this context, the rupturing of this strict symmetry and the concretisation of the resulting shift from an absolute to a relational understanding of space was a shared objective. Meticulous analysis of a new investigation of the pavilion enabled LAAC to develop a new reading of the building. The curved garden wall in the internal courtyard, which was added by Hoffmann after the Second World War in 1954 and, hence, twenty years after the completion of the pavilion, is interpreted by LAAC as the architect's revolutionising of his own design. This gesture became the basis of the work "Sphäre 1:50.000". The sphere is a radical form. Rendered perceptible by its substructure it is a volume, in phenomenological terms a "volume in the ground", which the imagination extrapolates into a sphere that has a mathematical relationship of 1:50,000 with the earth. "We see the earth as client" formulate Grafton Architects in their manifesto. LAAC, whose work has a strong relationship with the landscape, have taken this idea further, highlighting in doing so the responsibility that we have to show for this planet. They also point to the tracks that we leave behind us – as a distorted reflection of all cultural and natural influences that emerge here in the shape of this sphere: in its vulnerability and in its intense reaction to these influences in the form of heat, scratches and dents in the metal "skin" and through the need we feel to reflect upon our own position on this ground/earth body.

The sphere forms the background for the development of Dieter Henke and Marta Schreieck's contribution "Layers of Atmosphere". The ambivalence of space is a topos that Henke Schreieck exploit in all their projects. In their work for the Biennale the symmetry of the building also plays a central role. In the two rooms of the front axis of the pavilion, which are mirror images of each other, they, too, rupture this symmetry with a game of material and structure. Rationality is challenged and dissolves into poetry. This space, like the sphere, is experienced through movement and visitors can also rise vertically through it, developing new visual axes and perspectives. The constructional part, built from oak, feels like a piece of furniture planted in the space. "The overall space is rendered accessible by the object placed within it," say Dieter Henke and Marta Schreieck, hinting at another basic principle of their work, which is drawn from the area of urban design. A work in paper, developed together with Anna Rubin, blows in the wind in the opposing part of the space, continually recalling the proximity of the sea and the water. The paper rustles, moves, invites visitors to touch, envelopes them, creates a play of light and shadow in the space and is reflected in the sphere as it marches resolutely on across the pavilion.

While the work of LAAC and Henke Schreieck spatially and architecturally incorporates the subject of this year's Biennale into the Austrian Pavilion the contribution of Sagmeister & Walsh opens up a further dimension of aesthetic experience. In the two small spaces that frame the internal courtyard Jessica Walsh and Stefan Sagmeister exhibit a new series of "Typography Videos". Contentually, these respond to the mention of beauty in the manifesto of Grafton Architects while, formally, they represent a broadening that establishes a relationship between our spatial understanding and digital culture, drawing attention to the relationship between imagination and virtuality due to the fact that, in this case, the material unfolding before our eyes is computer-generated. Apparently highly transformative materials, merely conceived and represented, mutate into typographic patterns. The visual spectacle is accompanied by two words: beauty and function. A whispered manifesto proclaims the importance of beauty for humans and human society.

With our interpretation of Freespace as a spiritual space and a departure from rigid functional diagrams and absolute settings the Austrian contribution seeks to encourage reflection on aesthetic experience with the aim of re-establishing this as a category of architectural debate.

I would like to thank Kathrin Aste and Frank Ludin, Marta Schreieck and Dieter Henke and Jessica Walsh and Stefan Sagmeister for the time and the work that we have shared. And my thanks are also due to all those colleagues who have contributed to the content and the organisation of the project, to our many supporters and helpers and, especially, to my colleague Katharina Boesch.

Verena Konrad
Commissioner and Curator

Henke Schreieck

„Wir erschließen uns mit den Objekten den Gesamtraum."

→ Verena Konrad im Gespräch mit Marta Schreieck und Dieter Henke

Verena Konrad → Wir haben unserem Biennalebeitrag den Titel „Thoughts Form Matter" gegeben. Gibt es Aspekte in eurer Arbeit, von denen ihr glaubt, dass man sie immer wieder erkennen kann? Was ist euch wichtig?

Marta Schreieck → Inhaltlich sind wir wohl wiedererkennbar, aber nicht formal. Inhaltlich, weil wir sehr stark aus dem Kontext arbeiten, obwohl wir diesen immer unterschiedlich interpretieren, manchmal auch sehr abstrakt. Ein Wiederkennungsmerkmal ist vielleicht die Liebe zum Detail, zu den Materialien – hier sind wir sehr genau. Aber wir haben so gesehen keine vordergründige Handschrift. Das wollten wir nie. Jede Bauaufgabe ist anders und das macht den Job auch spannend.

Dieter Henke → Nach außen ist die Wahrnehmung einer Wiedererkennbarkeit insofern nicht einfach, als wir auch formal sehr unterschiedliche Projekte machen. Vergleichen wir z.B. zwei große Projekte: die SOWI (Sozialwirtschaftliche Fakultät) in Innsbruck und den Erste Campus in Wien, dann ist zwar das ganz andere Formenvokabular zu sehen, aber inhaltlich gibt es viele Gemeinsamkeiten. Bei fast allen Projekten gibt es so etwas wie eine innere Klammer, die sich in der freien Form genauso wie in einem strengen orthogonalen System wiederfinden kann. Gewisse Prinzipien sind uns wichtig. Wir waren früher bei vielen Entscheidungen sehr ausschließlich, aber wir werden diesbezüglich zunehmend entspannter.

VK → Kannst du einige dieser Prinzipien benennen?

MS → Die Ambivalenz des Raumes. Das ist etwas, was wir von Anfang an verfolgt haben. Dieses Sowohl-als-auch und die Erkenntnis, dass Räume unterschiedlich lesbar sind. Wir haben uns immer um eine einfache Form bzw. einen einfachen Ausdruck bemüht, der aber einen sehr komplexen Inhalt hat und unterschiedlich gelesen werden kann. Egal ob Innenraum, Außenraum – die Beziehung der Räume zueinander ist uns wichtig. Schwellen, Übergänge, Zwischenräume: Das sind Themen, die uns von Anfang an beschäftigt haben.

DH → Vom kleinen Projekt bis zum Städtebau.

MS → Jedes Projekt ist in erster Linie ein städtebauliches Projekt, selbst wenn es ein Einfamilienhaus sein sollte – auch das muss richtig sitzen.

VK → Wenn man die Biografie eures Büros ansieht, fällt auf, dass der städtebauliche Kontext immer da ist. Wie ist euer Interesse an dieser Thematik gewachsen? Nicht jedes Architekturbüro verfolgt einen solchen Ansatz in dieser Intensität.

DH → Das hat mit unserer Ausbildung zu tun. Wir haben bei Roland Rainer studiert. Rainer war ein großer Städtebauer und Architekt. Bei ihm gab es keine Trennung der Disziplinen Freiraumplanung, Architektur und Städtebau. Das eine war die Prägung durch ihn im Unterricht, dann aber auch in der Praxis. Um Geld zu verdienen, haben wir beide während des Studiums in seinem Büro gejobbt, auch um uns unsere Reisen finanzieren zu können. Da haben wir viel mitbekommen. Roland Rainer hat in seiner Arbeit stets Haltung bewahrt, Position bezogen und Widerstand geleistet. Er hatte eine sehr großzügige Art an Projekte heranzugehen. Wesentlich war ihm, auf menschliche Bedürfnisse einzugehen und das richtige Maß zu finden im Wohn- wie auch im Städtebau. Auch für uns ist der menschliche Maßstab wesentlich, speziell bei urbanen Bauaufgaben. Man sieht das an großen Strukturen, wenn Menschen im übertragenen Sinn einfach verloren gehen, wenn Plätze zu groß oder Gebäude zu hoch in die Luft gestemmt sind und keine Erdung mehr stattfindet. Das sind Haltungen und Ansichten, die wir von der Ausbildung und der Arbeit bei Rainer mitbekommen haben. Wir haben daher auch zu Beginn unserer eignen Bürotätigkeit überhaupt keine Scheu gehabt und uns für große Wettbewerbe interessiert. Wir sind relativ locker damit umgegangen und ganz selbstverständlich in diese Maßstäbe hineingewachsen. Das Wechseln zwischen den Maßstäben hat uns immer Spaß gemacht. Natürlich haben wir am Anfang unserer Arbeit mit Wohnungsumbauten und Einfamilienhäusern für Freunde begonnen. Aber nach ein paar Jahren war uns das zu eng und wir haben mit dieser Schiene aufgehört …

MS → … und keinen solchen Auftrag mehr angenommen.

DH → Wir haben also vornehmlich Wettbewerbe gemacht – unsere frühesten waren beispielsweise das Rathaus oder die SOWI in Innsbruck. Wir haben große Modelle gebaut, die begehbar waren, damit man ein Gefühl für Distanzen und Proportionen bekommt, und haben uns mittels Modell an die Lösung herangetastet. Später hatten wir räumliche Dimensionen schon besser im Griff. Nichtsdestotrotz arbeiten wir auch heute noch am Modell, um uns rückzuversichern.

MS → Für die SOWI etwa hatte das Modell einen Maßstab von 1 : 50. Das Ding war riesig. Wir haben extra ein Büro gemietet, nur um das Modell bauen zu können. Jedes

Detail war wichtig und wurde immer wieder fotografisch überprüft. Selbst die Dachkonstruktion haben wir maßstabsgetreu gebaut.

DH → Mit Modellen leisten wir Überzeugungsarbeit und bringen den Bauherrn auf den richtigen Weg. Kurz vor dem SOWI-Bau wurde die BIG – die Bundesimmobiliengesellschaft – gegründet. Es war auch deren erster Bau und wir waren junge, unerfahrene Architekten. Doch wir konnten sie mit unserer Arbeitsweise überzeugen. Ja, es hat auch unterschiedliche Auffassungen wegen scheinbar zu aufwendigen und teureren Konstruktionen gegeben, aber als sie die Modelle sahen war klar, dass die Lösung nur so sein konnte.

VK → Ihr leistet diese Überzeugungsarbeit nicht nur für Bauherren, sondern auch unter Kolleg/innen. Ihr seid in zahlreichen Vereinigungen engagiert und als Gestaltungsbeiräte und Jurymitglieder. Inwieweit ist dieses Engagement für eure eigene Arbeit wichtig?

DH → Da würde ich differenzieren. Marta ist da offensiver, ich eher weniger. Doch diese Auseinandersetzung ist wichtig und man muss sich ihr auch stellen, aber ich gestehe, dass ich da eher passiv bin.

MS → Wir sind oft gefragt worden, in die Lehre zu gehen. Ich habe es auch ausprobiert und bin draufgekommen, dass beides – Büro und Lehre – für mich nicht geht. Wenn man eine Professur ernst annimmt, muss man auf verschiedene andere Aktivitäten verzichten. Ich bin Architektin und meine liebste Arbeit ist die Arbeit an Projekten. Es ist aber wichtig, dass man darüber hinaus etwas für den Beruf tut, Unterstützung gibt und Widerstand gegen Entwicklungen leistet, die unserem Beruf schaden.

VK → Ihr habt eine ganz spezifische Haltung gegenüber dem Anspruch, als Architekt/innen Dienstleister/innen zu sein. Könntet ihr euren Standpunkt noch einmal aufschlüsseln?

MS → Wir Architekt/innen sind verpflichtet, einen Beitrag für die Gesellschaft zu leisten. Es gibt viele Bauherren, die nur die eigene Bedürfnisbefriedigung sehen. Natürlich arbeitet man für eine Bauherrschaft und versucht ihn oder sie möglichst zufrieden zu stellen. Ein Gebäude ist im Bewusstsein aller. Wir müssen daher uns und jedem Bauherrn etwas abverlangen, um der Allgemeinheit etwas zurückzugeben. Seien das öffentliche Räume oder der Verzicht auf Volumen. Immer wenn wir bei Wettbewerben eingeladen wurden, „das Meiste herauszuholen", aber davon überzeugt waren, dass der Ort das nicht vertragen würde, haben wir vergleichsweise kleine Projekte eingereicht und dann mitunter sogar gewonnen. Viele sehen das natürlich nicht ein, aber wir fühlen uns dazu verpflichtet. Auch in der Architektenschaft gehen die Meinungen hier völlig auseinander. Viele sehen sich als Dienstleister. Ich bin der Meinung, dass wir, wenn wir Dinge als falsch empfinden, verpflichtet sind, dies auch darzulegen. Man muss auch nein sagen können.

VK → Was bedeutet das für euch und euer Architekturbüro?

DH → Wir sind bis dato in der glücklichen Lage, dass wir kontinuierlich Arbeit haben und gehabt haben. Schwierig war das Neinsagen am Beginn, aber das hat uns nachträglich gesehen auch gestärkt. Ich gebe dazu ein Beispiel: Wir hätten ziemlich am Anfang unserer Bürotätigkeit die Chance gehabt, eine Siedlung am Rande eines Angerdorfes mit seiner charakteristisch schmalen

Parzellenstruktur zu bauen. Die Idee war, dass wir uns maßstäblich und strukturell und nicht formal in den denkmalgeschützten Ort integrieren. Es wäre für uns eine große Chance gewesen, das Siedlungsthema durchzuexerzieren. Jedes Haus mit privatem Garten. Wie ist der Übergang in den halböffentlichen Gassenraum, wie sind die Außenräume gestaltet – das sind ganz wesentliche Elemente, die leider nach wie vor vernachlässigt werden. Das Projekt ist im Grunde gut angekommen, aber denkmalschützerisch wollte man uns Satteldächer aufsetzen – das hat in dieser Struktur nicht funktioniert. Wir hätten alles ganz neu denken müssen. Der Bauherr hat uns keine Zeit gegeben. Innerhalb von vierzehn Tagen mussten wir uns entscheiden, ob wir es mit dieser Dachform machen oder nicht. Und wir haben es nicht gemacht, was uns wirklich geschmerzt hat. Es wurde danach ein bisschen rarer mit den Anfragen, da es sich herumgesprochen hat, dass wir schwierig sind. Heute denke ich, dass wir konsequent waren, und das hat uns Selbstbewusstsein gegeben.

MS → Wir haben mit keinem Kompromiss begonnen. Es war die beste Entscheidung, die wir damals getroffen haben, aber es ist uns einige Zeit lang nicht sehr gut gegangen. Dann haben wir die Chance bekommen, einen Wohnbau in der Wiener Frauenfelderstraße für die Österreichische Beamtenversicherung, also mit einem privaten Bauherrn, zu realisieren. Wir haben den Wettbewerb gewonnen und konnten manifestartig unsere Vorstellung von urbanem Wohnen umsetzen. Die Transparenz des Raumes, die intensive Beziehung von Innen und Außen, maximale Durchsonnung und fließende Raumfolgen waren die Prämissen für die Konzeption. Alle Wohnungen haben flexible Grundrisse, die sich durch Schiebewände verändern lassen. Die Fassaden sind ausnahmslos verglast. Vorgeschaltete Loggien und Schiebeläden bilden mehrere Schichten von Filtern zwischen dem öffentlichen Raum der Straße und der privaten Wohnung.

VK → Du hast gerade das Wort Manifest erwähnt, es gibt auch im Zuge dieser Biennale – zwar nicht räumlich, aber verbal gefasst – ein Manifest zum Thema Freiraum/Freespace. Es war mit der Grund, euch zu fragen, ob ihr teilnehmen wollt. Wie fasst ihr den Freiraum in eurer Arbeit gedanklich und räumlich?

MS → Freiraum ist natürlich vieles. Bezogen auf unser eigenes Verständnis ist uns wichtig, dass wir es bisher bei fast jedem Projekt geschafft haben, ein Stück öffentlichen Raum zu schaffen. Beim Erste Campus wurde ein Innenraum zum öffentlichen Raum. Das ist etwas Besonderes. Darin liegt die Zukunft. Wir werden den öffentlichen Raum nicht mehr bloß im Außenraum sehen können, sondern müssen ihn auch in die Gebäude hineindenken, weil die Raumressourcen zu gering sind. Dieses Zukunftsszenario könnte unglaublich spannend werden. Öffentlichkeit muss sich nicht nur in der Erdgeschoßebene abspielen. Wir bauen Hochhäuser, in denen es eine innere Öffentlichkeit gibt. Gemeinschaftlich genutzte Räume werden zur Verfügung gestellt. Es ist ein wichtiges Thema, dass es Gemeinschaftsbereiche für die Allgemeinheit gibt.

VK → Wird es in Zukunft vermehrt Räume geben, die nicht monofunktional gedacht sind?

MS → Hybridgebäude sind in unseren Breiten noch ein schwieriges Thema. Investoren kaufen nur monostrukturell genutzte Häuser. Das ist der banale, der wahre Grund dafür, dass das bei uns so wenig greift. Es sind bestenfalls private Bauherren, die das für sich selbst nutzen. Man kann motivieren und Mischnutzungen anbieten. Das Mindeste aber, um das wir uns als Architekt/innen kümmern müssen, ist die öffentliche Nutzung der Erdgeschoßbereiche. Das muss man einfordern.

VK → Ist dieses Einfordern eine Aufgabe der Architekt/innen? Oder Aufgabe der Bauherren? Wer soll hier etwas einfordern?

DH → Beide, denke ich. Wir hatten beim Erste Campus das Glück, dass der Bauherr dieselben Inhalte wie wir forciert hat. Die Vision für den Erste Campus war eine transparente, zum Stadtraum geöffnete, einladende, naturverbundene Architektur, die Identität vor Ort aus sich selbst und durch Raum schafft. Das neue Headquarter der Erste Group soll als ein besonderes und nicht alltägliches Lebensumfeld empfunden werden, als urbane Stadtlandschaft, mit der sich die Mitarbeiter und die Bevölkerung der Stadt gleichermaßen begegnen und identifizieren können. Die besondere Lage am Schweizergarten war primärer Ausgangspunkt für das städtebauliche Konzept. Die maximale Orientierung und Miteinbeziehung des Grünraumes und der Anspruch, gleichwertige Arbeitsplatzqualität für alle Mitarbeiter zu schaffen, waren bestimmend für den Entwurf. Dass hier ein identitätsstiftender neuer Stadtteil entstehen sollte, bezog sich nicht nur auf den Erste Campus. Gemeinsam mit den Architekten der angrenzenden Baufelder haben wir uns Wegeführungen, Ausgestaltung der Oberflächen, synergetische Nutzungen und vieles mehr überlegt, damit wir einander nicht konkurrieren. Ich glaube schon, dass wir Architekt/innen Vorschläge machen müssen. Oft reicht die Vorstellungsgabe der Bauherren nicht aus. Wir sind verpflichtet, hier mitzudenken.

VK → Es betrifft nicht nur Wien, sondern viele europäische Städte, dass die Eigentümerstruktur bzw. wem Grund und Boden gehören maßgeblich darüber entscheidet, was dort auch bezogen auf Freiräume zugelassen wird. Viele Quartiere verkommen zu einer Aneinanderreihung von für sich gesehen manchmal interessanten Architekturen, doch das Dazwischen ist kein Thema.

DH → Architekt/innen können ihren Beitrag dazu leisten, aber es kann bei größeren Quartieren nicht allein ihre Aufgabe sein. Es bedarf eines eigenen Quartiersmanagements, das auf Synergien schaut, vernetzt denkt und Kooperation statt Konkurrenz fördert.

VK → Trotz der Arbeit an sehr komplexen Projekten ist euer Büro relativ klein. Wie viele Mitarbeiter/innen sind aktuell beschäftigt?

MS → Sieben.

VK → Wie gestaltet ihr euren Arbeitsalltag? Wie geht ihr mit Mitarbeiter/innen um? Wie strukturiert und organisiert ihr euch?

MS → Wir haben unser Büro bewusst immer klein gehalten. Außer in einem kurzen Zeitraum, in dem wir sehr viele Mitarbeiter/innen haben mussten. Wir machen alle Entwürfe und Details, die gesamte Planung, aber nichts was Kosten, Ausschreibung und Bauleitung betrifft – wir wollen die kreative Atmosphäre im Büro erhalten und den Baustellenalltag raushalten. Ein kleines Büro hat natürlich Konsequenzen. Wir machen eines nach dem anderen und nicht sehr vieles gleichzeitig. Wir haben das Glück gehabt, relativ große Projekte machen zu können, die über einen sehr langen Zeitraum gehen, aber wir machen das dann ausschließlich und intensiv.

VK → Arbeitet ihr an Projekten gemeinsam oder teilt ihr euch Arbeitsschritte auf?

DH → Ursprünglich haben wir alles gemeinsam gemacht. Mittlerweile teilen wir uns die Projekte. Wenn es zu Entscheidungen kommt oder einer unsicher ist, arbeiten wir natürlich wieder zusammen. Im Büro ist es auch so: Wenn Mitarbeiter/innen oder Partner/innen vornehmlich Projekte übernehmen, sind wir immer dabei. Die ganze Abwicklung des Projekts obliegt dann diesen Mitarbeiter/innen, aber wir beide sind immer eingebunden.

VK → Woran arbeitet ihr aktuell und welche Aufgaben würden euch zukünftig noch interessieren?

DH → Das aktuelle Projekt ist Trlllple – drei Wohnhochhäuser in Wien. Den Wettbewerb dazu haben wir vor einigen Jahren gewonnen. Ursprünglich hat es eine Vorstudie gegeben, in der eine Bebauungsform im Blockrand vorgegeben war, die den Lärm zur A4 abschirmen sollte. Integriert waren zwei Hochhäuser. Wir haben das nicht richtig gefunden und haben drei Hochhäuser entwickelt, die ein räumliches Ensemble bilden – auch mit einem öffentlichen Platz. Das gesamte Ensemble wird eine Plattform, die sich mit dem Areal TownTown verbinden soll – jetzt ist dort eine eher öde Gegend, es wird vor allem in Büros gearbeitet. Um fünf Uhr abends ist nichts mehr los. Wir erwarten uns durch zusätzliche Infrastruktur von Geschäften, Restaurants, Cafés und Kindergärten, dass das Ganze eine urbane Belebung erfährt. Das ist das aktuelle Projekt. Was möchten wir gerne machen? Was wir nicht gemacht haben: Wir haben mit dem Wohnbau angefangen und sind dann in ganz andere Felder hineingewachsen. Wir haben einige Schulen gebaut und sind dann über Wettbewerbe beim Bürohausbau gelandet – anfangs für uns eher eine eindimensionale Bauaufgabe, die uns nicht sehr inspirierend erschien. Wenn man Bürobau jedoch als Lebens- und Arbeitsraum begreift, wo viele Menschen viel Zeit verbringen, eröffnen sich durchaus interessante Möglichkeiten. Was uns fehlt und was wir sicher gerne machen würden, sind Bauten im kulturellen Bereich – sei es ein Konzerthaus, eine Kirche, ein Museum.

VK → Kommen wir zu eurem Beitrag für Venedig. Wir sind ursprünglich sehr stark vom Begriff Freiraum ausgegangen und haben uns dann mehr auf die vorhandenen Räume konzentriert. Das war auch eine Vorgabe, die ich euch gegeben habe: mit dem Bestand zu arbeiten. Also, den Hoffmann-Pavillon nicht nur zu respektieren, sondern auch als Grundvoraussetzung für euer Projekt anzunehmen. Ihr seid zusätzlich noch stark auf das Projekt eurer Kolleg/innen, auf LAAC, eingegangen, wofür wir euch danken. Erklärt uns bitte kurz, aus welchem Grundgedanken ihr das Projekt in Venedig entwickelt habt.

DH → Unser Projekt hat sich sukzessive entwickelt. Du hast uns die beiden Haupträume zur Verfügung gestellt. Das war uns fast zu viel, denn wir haben zu Beginn geglaubt, dass wir unsere bisherige Arbeit thematisieren sollten, bis wir mitbekommen haben, dass das gar nicht gefragt war. Ihr wolltet eine Rauminstallation. So ging es darum, wie wir mit dem Raum umgehen. Wir wollten von Anfang an die Symmetrie des Pavillons brechen und haben Dinge entwickelt, die stark in den Außenraum greifen. Doch dann hat sich bei den ersten Modellen gezeigt, dass wir nicht mit LAAC harmonieren. Wir haben die Räume zu stark besetzt und die Arbeit von LAAC wäre nicht richtig zum Tragen gekommen. Bei einem Treffen in Venedig haben wir uns erstmalig ausgetauscht. Es war unsere Entscheidung, uns zurückzunehmen, und haben uns im Zuge der weiteren Erarbeitung am Modell auf den Raum, der durch die Oberlichten definiert wird, beschränkt. Auch die Auflage, einen möglichst geringen Footprint zu erzeugen, war uns wichtig. Interessant ist, dass die beiden Ausstellungsräume komplett spiegelgleich sind. Das Bestreben unseres Beitrags ist, die völlig gleichartigen Räume in jeweils unterschiedliche Atmosphären zu tauchen. Die Raummitte auf der einen Seite ist mit einem Objekt besetzt und im anderen Raum halten wir die Mitte als Lichtatrium frei. Es ist also eine Dualität und eine gegensätzliche Atmosphäre geboten, die dann in weiterer Folge entsprechend materialisiert wird. Den konstruktiven Raum haben wir mit Martin Huber entwickelt, den Lichtraum mit Anna Rubin, die fantastisch mit Papier umgehen kann.

MS → Ich habe das Thema Freespace nicht so sehr als Außenraum empfunden. Vielmehr geht es um den Raum an sich. Das hat mir sehr gut gefallen. Es geht um die Qualität des Raums, um Raumsequenzen, Material, Oberfläche, Licht, Haptik, darum, Raum mit allen Sinnen erfahrbar zu machen. Das kann im Außenraum passieren, aber ebenso gut im Innenraum. Insofern glaube ich, dass wir mit der Installation sehr nahe am Thema sind. Es geht um ein Raumerlebnis, um unterschiedliche Stimmungen, Atmosphären, Geräusche, Gerüche, Material, Licht, Schatten und Bewegung im Raum, um den Raum an sich.

VK → In einen der Räume habt ihr eine begehbare Holzkonstruktion gestellt. Diese führt bis unters Dach. Die gewölbte Fläche von LAAC ist horizontal gedacht. Euer Gestell hat direkten Kontakt mit der Sphäre von LAAC. Könnt ihr die gemeinsame Rezeption eurer Arbeit schon ein wenig vorausahnen?

MS → Wir erwarten uns eine Spannung zwischen der abstrakten, spiegelnden, gewölbten Basis und unserer „geerdeten" Konstruktion aus Holz. Wie die Spiegelungen von den verschiedenen Ebenen unseres Objekts tatsächlich wirken, wird uns hoffentlich überraschen.

VK → Danke für das Gespräch.

"We're establishing connections with objects throughout the space."

→ Verena Konrad
in conversation with
Marta Schreieck
and Dieter Henke

Verena Konrad → We have given our Biennale contribution the title "Thoughts Form Matter". Are there aspects of your work which, in your opinion, always allow you to be recognised? What is important to you?

Marta Schreieck → We're perhaps recognisable in terms of content, but not of form. In terms of content because we work very strongly with the context, although we always interpret this in different ways that can sometimes even be very abstract. One distinguishing feature in our work could be our love of detail, of materials – here we are very precise. But we don't have what you might call our own ostensible handwriting. We never wanted that. Every commission is different and that's what makes the job so exciting.

Dieter Henke → Identifying distinguishing features on the outside also wouldn't be easy because we realise projects that vary so widely in formal terms. If we compare, for example, two major projects – SOWI (Faculty of Social and Political Sciences) in Innsbruck and the Erste Campus in Vienna – the very different formal vocabularies are quite clear but in terms of content there are many similarities. Almost every project has something like an internal parenthesis that can reemerge in both a free form and a strict, orthogonal system. Certain principles are important to us. In the early days we were very exclusive in our decision-making but over time we've steadily become more relaxed about such things.

VK → Can you name some of these principles?

MS → The ambivalence of the space. This is something that we've pursued from the very start. This 'both-and', together with the recognition that spaces can be read in different ways. We've always striven to create simple forms and simple expressions that, on the other hand, have very complex contents and are open to a range of interpretations. Whether we're talking about internal or external space – the relationship between spaces is important to us. Thresholds, transitions, intermediate spaces: These are subjects that occupied us from the very start.

DH → From small projects to urban planning.

MS → Every project is first of all an urban design project, even if it should be a single-family house – even that must be properly positioned.

VK → When one looks at the biography of your office one notices that the urban context is always there. How did your interest in this subject develop? Not every architectural office pursues such an approach with such intensity.

DH → This has to do with our training. We studied under Roland Rainer. Rainer was a great urban planner and architect. He didn't distinguish between the disciplines of free space planning, architecture and urban design. He shaped us through his teaching, but also through his practice. In order to earn some money during our studies we worked in his office, also so that we could fund our travels. We learned a lot there. In his work, Roland Rainer constantly kept his composure, took a position and offered the necessary resistance. He had a very generous way of approaching projects. It was extremely important to him to respond to human needs and to find the right scale, whether in residential buildings or city planning. Human scale is also very important to us – especially in urban projects. One can see this in large structures when people, in the figurative sense, get lost because squares are too large or buildings soar too high skywards and one is no longer earthed. These are approaches and attitudes that we learned from being taught by and working with Rainer. Hence, even in the early days of our office we had absolutely no fear and were interested in big competitions. We approached these relatively coolly and became accustomed to this scale as a matter of course. We've always enjoyed switching between scales. Of course we also started by refurbishing friends' apartments and designing single-family houses. But these then almost became too restricted for us and we had to stop working on such projects …

MS → … and never again accepted such a commission.

DH → So we mainly did competitions – our earliest were, for example, the Town Hall or SOWI in Innsbruck. We built large models that one could enter in order to get a sense of distances and proportions and we used these models to feel our way towards the solution. Later we had a better intuitive grasp of spatial dimensions. But we still continue to work with models today in order to give us reassurance.

MS → For SOWI, for example, the model had a scale of 1:50. It was huge. We rented an extra office just in order to be able to build the model. Every detail was important and was tested over and over again in photographs. Even the roof structure was built to scale.

DH → Models enable us to convince people and get the client back on track. BIG – the Bundesimmobiliengesellschaft – was established shortly before the construction of SOWI. It was also their first building and we were young and inexperienced architects. But we were able to convince them with our approach. Yes, there were also differing opinions about certain elements which were apparently too complex and expensive but when they saw the model they realised that the solution had to be just like that.

VK → You work hard on convincing not just clients but also colleagues. You're engaged as design advisors and jury members in a number of associations. To what extent is this engagement important for your own work?

DH → I would differentiate between us there. Marta is more active, I am less so. But this dialogue is important and one has to subject oneself to it although I have to admit that I tend to be more passive.

MS → We've often been invited to teach. I've tried it but realised that doing both – working and teaching – isn't possible. If one really accepts a professorship one has to renounce several other activities. I'm an architect and my favourite activity is working on projects. But it's important that one does

Henke Schreieck

more for architecture, gives support and fights against developments that damage our profession.

VK → You have a very specific attitude to the view that architects are service providers. Could you please explain your position once again?

MS → We architects have an obligation to make a contribution to society. There are many clients who only think about meeting their own needs. Of course one is employed by a client and seeks to offer them maximum satisfaction. But everyone is conscious of a building and this means that we must demand of ourselves and of every client that something is given back to the community. Whether this is public space or accepting a reduction in volume. Whenever a competition has invited us to "realise the maximum" but we've been convinced that a location couldn't take this we've entered comparatively small projects and still, sometimes, won. Of course many don't understand this but we see it as an obligation. The opinions of architects on this matter are also extremely varied. Many see themselves as service providers. My opinion is that when we feel that something is wrong it's our obligation to be open about it. One also has to be able to say no.

VK → What does this mean for you and your office?

DH → Up until now we've been in the fortunate position of having continually had work. At the beginning it was hard to say no but, seen retrospectively, doing so also strengthened us. Let me give you an example: In the very early days of the office we had the opportunity to build a housing estate on the edge of a village around a village green with a typical structure of small plots. The idea was that we should integrate ourselves in terms of scale and structure – but not formally – into the listed village. This was our big chance to take on the subject of the housing estate. Each house with its own private garden. What is the transition with the semi-public street – how are the external areas designed – these are extremely important elements which, unfortunately, continue to be ignored. The project was essentially well-received but one sought to take a conservationist line and force pitched roofs upon us – which wouldn't have worked within this structure. We would have had to rethink everything. The client gave us no time. We had two weeks in which to decide if we would accept this roof form or not. And we didn't do the project, which really pained us. Enquiries slowed up a little after this because word had got around that we are difficult. Today, I think that we were consistent and this gave us self-confidence.

MS → We started off by refusing to compromise. The decision that we took back then was the best one but for some time after this things didn't go too well. Then we got the opportunity to realise a residential project on Frauenfelderstraße in Vienna for a private client, the Österreichische Beamtenversicherung. We won the competition and were able to implement our vision of urban living as if this was a manifesto. The transparency of the space, the intense relationship between inside and outside, maximum insolation and flowing series of spaces were the premises of the design. All the apartments have flexible plans which can be altered with the help of sliding walls. The façades are all glazed. Loggias applied to the façades and sliding panels form several layers of filters between the free space of the street and the private apartment.

VK → You've just used the word manifesto and this Biennale also features a manifesto – albeit verbal rather than spatial – on the subject of Freiraum/Freespace. This was one of the reasons for inviting you to participate. How do you approach free space in your work in both theoretical and spatial terms?

MS → Free space can of course be interpreted in many ways. With reference to our own interpretation it's important to us that we've created an element of public space in almost every project. At the Erste Campus an internal space became an external space. That is something special. That is the future. Rather than simply understanding public space as external we will also have to bring this into buildings because spatial resources are otherwise too limited. This scenario for the future could be unbelievably exciting. The public realm doesn't just have to be restricted to ground floor level. We're building skyscrapers which also contain an internal public realm. Spaces are provided for communal use. It's important that there are communal areas for the public.

VK → Will the future bring more spaces that aren't conceived monofunctionally?

MS → Hybrid buildings are still a difficult subject in these latitudes. Investors only buy single-use buildings. This is the banal yet true reason why such ideas aren't taking hold here. Our best hope is private clients who use such buildings themselves. One can motivate and offer mixed uses. However, the minimum requirement which we architects must take care of is the public use of the ground floor. This is something that we must demand.

VK → Is it really the role of architects to demand this? Or that of clients? Who should demand something here?

DH → Both, I reckon. At the Erste Campus we were fortunate in that the client forced the same content as we did. The vision for the Erste Campus was that of a transparent, inviting architecture that is close to nature, open to the urban realm and creates an identity for a place through both itself and through space. The new headquarters of the Erste Group should be seen as a special working environment that goes beyond the everyday, as a piece of urban landscape in which the employees and the people of the city can meet and with which they can identify. The special location on the Schweizergarten was the principle starting point for the urban concept. Key design drivers included the maximal orientation to and incorporation of the green space and the requirement to create workplaces of equal quality for all employees. The notion that a new urban district should be created here that would generate a sense of identity did not only apply to the Erste Campus. We worked with the architects of the adjacent plots to establish routes, design surfaces, find synergetic uses and consider many other ways of avoiding competing amongst ourselves. I'm convinced that we architects must make concrete proposals. The client's ability to imagine often isn't enough. We, too, are obliged to think.

VK → It's not only the case in Vienna but also in many other European cities that ownership structures or whoever else the land belongs to play a major role in deciding what is to be allowed there in terms of free space. Many districts are reduced to being sequences of buildings which may well be interesting in themselves but the spaces between are simply not an issue.

DH → Architects can make their contribution but in the case of large districts it can't be their sole responsibility. There's a need for expert district management that searches for synergies, thinks holistically and promotes cooperation rather than competition.

VK → Despite working on very complex projects your office is relatively small. How many employees do you currently have?

MS → Seven.

VK → What does your working day look like? How do you interact with your employees? What's your office structure and how do you organise yourselves?

MS → We've deliberately kept our office small. Apart from a short period in which we had to have a lot of employees. We do all the designing and the detailing, the overall planning, but nothing involving costs, tenders and construction management – we want to retain the creative atmosphere in the office and stay out of day-to-day activities on site. Of course there are consequences of having such a small office. We do one thing after another and very little simultaneously. We're fortunate that we've been able to do relatively large projects that have lasted for long periods but we do these exclusively and intensively.

VK → Do you work on projects together or do you share out the phases amongst yourselves?

DH → Originally we did everything together but now we share out the projects. If decisions are required or one of us is uncertain then of course we work together again. It's also like this in the office: If employees or partners take primary responsibility for a project we're always available. This employee is responsible for the entire development of the project but we two are always involved.

VK → What are your current projects? And what are the challenges that interest you, that you haven't yet faced but would love to take on?

DH → The current project is TrIIIple – three residential towers in Vienna. We won the competition several years ago. There was an initial preliminary study with a perimeter block that was intended to offer protection against the noise from the A4 motorway. Two towers were integrated into this. We didn't agree with this approach and developed three towers which form a spatial ensemble – together with a public square. The entire ensemble will form a platform that will be connected with the TownTown site – this is currently a pretty bleak area with lots of offices. After five in the evening it's dead. We expect that an additional infrastructure of shops, restaurants, cafés and kindergartens will breathe some urban life into the district. This is the current project. What would we like to do? That which we haven't done yet: We started with housing and then grew into completely different sectors. We built several schools and, as a result of some competitions, started to build offices – which initially seemed to us like a somewhat one-dimensional task that offered little by way of inspiration. However, as soon as one understands that offices are living and working spaces in which a lot of people spend a lot of time, very interesting possibilities start to present themselves. The field that is missing – and which we would certainly love to be involved in – is cultural buildings – perhaps a concert hall, a church, a museum.

VK → Let's turn to your contribution for Venice. We began by working very intensely with the notion of free space before increasingly concentrating on the existing spaces. This was also a requirement that I gave you: to work with the existing building. In other words, to not only respect the Hoffmann Pavilion but also accept it as a basic condition of your project. In addition to this you also responded strongly to the project by your colleagues, LAAC, for which we are very grateful. Please can you briefly explain to us the basic ideas behind your project in Venice?

DH → Our project developed in stages. You placed the two main spaces at our disposal. This was almost too much for us because we initially believed that we were expected to present our oeuvre to date until we realised that this wasn't required at all. You wanted a spatial installation. So the issue became how to deal with the space. From the very beginning we wanted to overcome the symmetry of the pavilion so we developed things that intervened strongly in the external space. But then the first models showed that we weren't harmonising with LAAC. We were occupying the space too strongly and the impact of LAAC's work would have been diminished. We met in Venice to exchange ideas for the first time. Our decision was to take a step back and, in the course of more work on the model, we limited ourselves to the space defined by the skylights. The requirement to limit our footprint as far as possible was also important to us. The interesting thing is that the two exhibition spaces are perfect mirror images. Our contribution seeks to immerse the completely identical spaces in different atmospheres. The centre of the space on one side is occupied by an object and the centre of the other space is kept free in the form of a light atrium. Hence, we are offering a duality and contrasting atmospheres which we then materialise in an appropriate way. We developed the constructive space with Martin Huber and the light space with Anna Rubin, who can work fantastically with paper.

MS → I didn't associate the subject of Freespace quite so much with the notion of external space. It has much more to do with the space itself. I really liked this notion. It has to do with the quality of space, with spatial sequences, material, surface, light, haptic and, hence, making space tangible for all the senses. This can happen outside but just as well inside. In this sense I feel that our installation brings us very close to the subject. It's about a spatial experience, differing moods, atmospheres, sounds, odours, materials, light, shadow and movement in the space, about the space itself.

VK → In one of the spaces you've erected an accessible wooden structure. This rises to the ceiling. LAAC's curved surface is seen as horizontal. Your structure comes directly into contact with LAAC's sphere. Can you anticipate at all how your work will be jointly received?

MS → We're expecting some tension between the abstract, reflective, curved base and our "earthed" wooden structure. Exactly how the reflections of the various levels of our object will actually work will hopefully surprise us.

VK → Thanks for the conversation.

Sagmeister & Walsh

„Schönheit beeinflusst uns Menschen"

→ Verena Konrad im Gespräch mit Jessica Walsh und Stefan Sagmeister

Verena Konrad → Warum ist Schönheit in der Architektur und für die Gesellschaft von Bedeutung? Erzählt uns doch bitte, warum dieses Thema für euch so wichtig ist?

Jessica Walsh → Mit dem Thema Schönheit beschäftigen wir uns nun schon ein ganzes Jahrzehnt, besonders intensiv in den letzten zweieinhalb Jahren. Im Moment bereiten wir eine große Ausstellung vor, die heuer im MAK (Museum für angewandte Kunst) zu sehen sein wird und die sich mit der Psychologie und Geschichte der Schönheit befasst, mit der Frage, warum und wie Menschen auf Schönheit reagieren. Wir gehen näher darauf ein, warum Schönheit in der Kunst und Architektur in den letzten Jahren vielfach nicht der nötige Stellenwert beigemessen wurde und was wir machen können, um das zu ändern.

Stefan Sagmeister → Wenn wir besonderes Augenmerk auf den formalen Ausdruck legen, dann scheint alles auch viel besser zu funktionieren. Wir haben festgestellt, dass das Fokussieren auf die Funktion allein Ergebnisse hervorbringt, die weder emotional noch gefällig sind, die keinen Reiz ausüben und deren Funktionalität obendrein zu wünschen übrig lässt. Wenn wir uns nur auf die Funktion konzentrieren, erhalten wir Dinge, die nicht menschengerecht sind, die kein Vergnügen bereiten. Mit Schönheit können wir ansprechende Ergebnisse erzielen und wir zeigen, dass der Menschheit von der Vorsteinzeit bis 1920 die Schönheit sehr am Herzen lag. Danach wurde alles komplizierter.

VK → Warum denkst du, ist es komplizierter geworden?

SS → Ich glaube, das hat viel mit dem Ersten Weltkrieg zu tun. Schönheit war im 19. Jahrhundert noch ein moralischer Wert. Der Erste Weltkrieg war ein Gemetzel, in dem diese zivilisierten Nationen einander auf entsetzlichste Weise umgebracht haben. Viele Künstler sind völlig desillusioniert über die Werte der Zivilisation aus dem Krieg zurückgekehrt und wollten sich der Schönheit als einem dieser Ideale entledigen. Im Laufe des 20. Jahrhunderts – und ganz besonders in dessen zweiter Hälfte – hat sich alles in Richtung eines wirtschaftlichen Funktionalismus entwickelt. Die Form war nicht mehr so wichtig, und ich denke, dass man das auch heute noch beobachten kann. Besonders Architekt/innen, die in dieser Zeit geprägt wurden, die heute in ihren Sechzigern, Siebzigern, Achtzigern sind, lehnen Schönheit als etwas Altmodisches vehement ab. Tatsächlich ist es aber genau umgekehrt, es sind ihre Ansichten, die altmodisch sind, denn diese gehen noch auf die 1920er-Jahre zurück – und die liegen schon fast hundert Jahre zurück! Ohne jede kritische Auseinandersetzung wird immer noch daran festgehalten.

VK → In dem Projekt, das ihr für Venedig erarbeitet, führt ihr die beiden Themen „Funktion" und „Schönheit" zusammen. Wie würdet ihr das Verhältnis zwischen Funktion und Schönheit in der Kunst, der Architektur, aber auch im alltäglichen Leben beschreiben?

SS → Wir sind nicht die Ersten, die auf diese Idee gekommen sind – viele Modernisten der ersten Stunde haben das bereits entdeckt. In den 1930er-Jahren war Adolf Loos überzeugt davon, dass die Idee, auf jegliches Ornament zu verzichten, selbst zu einer schlechten Zierde geworden ist. Der Schweizer Max Bill – einer der großen Modernisten – hat in den 1950er-Jahren geschrieben, dass ohne Augenmerk auf Schönheit nichts Gutes geschaffen werden kann. Etwas zu kreieren, das nur funktioniert, ist relativ einfach. Wir vermuten, dass die Obsession der Designer/-innen und Architekt/innen mit der Funktion viel mit Bequemlichkeit zu tun hat, denn es ist so unglaublich einfach, diesen Mist zu machen. Es ist hingegen viel schwieriger, etwas zu entwerfen, das funktioniert und schön ist – und zwar in einer Art und Weise, die dem 21. Jahrhundert entspricht.

JW → Zu diesem Thema gibt es jede Menge Studien. An schönen Orten sind wir glücklicher. In New York hat man an einem Beispiel Reaktionen in Social Media nachverfolgt und jene, die im Grand Central gepostet wurden, mit jenen in der Penn Station verglichen. Im Grand Central war die Anzahl der positiven Reaktionen exponenziell höher als an hässlichen Orten wie der Penn Station, die weder von ihrem Design noch von ihrem Konzept her überzeugen kann. Es gibt auch Studien, die besagen, dass in schönen, gut durchdachten Gebieten weniger Verbrechen begangen werden. Man kann hier sehr gut sehen, welchen Einfluss intentionale Formgebung auf uns Menschen hat.

SS → Unter Schönheit verstehen wir, dass etwas durchdacht ist und bewusst gestaltet wurde. Auch gewollte Hässlichkeit gefällt uns sehr gut. Ich finde, dass auch sie ihren Platz hat und sehr gut funktioniert. Wogegen wir uns aussprechen, ist, sich überhaupt nicht mit Form auseinanderzusetzen. Wir mögen alles vom Rokoko bis zum Minimalismus. Ein gemeinsames Merkmal dieser guten Arbeiten ist, dass den Menschen, die dahinter stehen, Form ein großes Anliegen war.

JW → Es geht hier auch nicht um Stil. Wir behaupten nicht, dass ein modernistisches Werk nicht schön ist, Schönheit findet man in ornamentalen Arbeiten ebenso wie in modernistischen.

VK → Wie würdet ihr die Arbeit beschreiben, die ihr für den Österreichischen Pavillon konzipiert habt?

JW → Als wir erfahren haben, dass das Thema der Biennale „Freespace" lautet, hatten wir die Idee, den Besucherinnen und Besuchern eine Denkpause zu gönnen, in der sie sich ausruhen und etwas Schönes genießen können, das sowohl stimulierend als auch entspannend ist. Im Wesentlichen erstellen wir zwei Grafikvideos, in denen „Beauty = Function" auf verschiedene Weise buchstabiert wird, mit Slime, Sand und anderen Materialien, die wir als seltsam angenehm empfinden. Über Kopfhörer sind ASMR-Soundeffekte zu hören, die mit der von uns designten Typografie einhergehen. ASMR steht für „Autonomous Sensory Meridian Response" (autonome sensorische Meridianreaktion). Damit wird das angenehm kribbelnde Gefühl bezeichnet, das einige haben, wenn sie diese Art von Soundeffekten hören. Manche beschreiben es auch als Orgasmus für das Gehirn. Über die Kopfhörer teilen wir den Besucherinnen und Besuchern auch einige unserer Überlegungen mit, unseren Glauben an die Schönheit und unsere Überzeugung, dass sie der Schlüssel zur Funktionalität in Architektur und Design ist.

SS → Wir waren schon oft auf der Architekturbiennale und kennen die Gegebenheiten: Es sind unglaublich viele Arbeiten zu sehen, eine wahre Überreizung der Sinne. Wenn man im Österreichischen Pavillon ankommt, hat man schon sehr viel gesehen. Im Pavillon selbst werden drei verschiedene Positionen gezeigt. Unsere Idee war es, zwei kleine Inseln in einem ganzen Meer von Eindrücken zu schaffen. Wir wollen etwas zeigen, das schön ist und für uns als Designer Sinn macht. Wir haben uns für etwas Typografisches entschieden, mit dem wir im Wesentlichen dem, was wir vermitteln wollen – Schönheit ist gleich Funktion – Ausdruck verleihen und das auf eine Art und Weise, die dem Heute entspricht, und nicht 2015 oder 2012 oder 1918. Es geht um eine bestimmte Art von Schönheit und gleichzeitig diese digital generierte Glattheit, das passt alles sehr gut zusammen, es ist eine sehr gegenwärtige Art von Schönheit.

VK → Ich habe euch auch eingeladen, um zu betonen, dass die Konzeption von Freiräumen eine Herausforderung ist, für die eine einzelne Disziplin keine Lösung finden kann.

SS → Interdisziplinarität ist einerseits schon so lange ein Thema und so allgegenwärtig, dass sie beinahe wieder an Bedeutung verloren hat. Wir sind aber auch auf sie angewiesen, denn nur so kann sich die Welt weiterentwickeln. Das gilt auch für die interdisziplinäre Zusammenarbeit der verschiedenen Wissenschaftsbereiche, die heute sehr verbreitet ist, denn uns ist bewusst geworden, wie wir alle miteinander verbunden sind. Und das gilt natürlich auch für die Kunst. Nehmen wir die Designer/innen und Architekt/innen: Im Wien um 1900 und in der Bauhaus-Ära hat es hier eine große Nähe gegeben, danach haben sie sich voneinander abgewandt. In der heutigen Zeit bewegen sie sich wieder aufeinander zu.

VK → Was bedeutet die Biennale für euch?

SS → Die Biennale von Venedig – für Kunst und für Architektur – bietet mir den besten Rahmen, um Kunst zu sehen. Für mich als Besucher gibt es nichts Vergleichbares, wo ich von 10 Uhr vormittags bis 6 Uhr abends ohne Pause – und das drei Tage lang – Kunst anschauen kann und immer noch Lust auf mehr habe. Wenn ich ins MoMA in New York gehe, habe ich nach drei Stunden genug. Aber dieses fantastische Setup im Park mit den Pavillons ist eine wirklich wunderbare Art, Kunst und Architektur auszustellen. Ich bin glücklich, dass wir Teil davon sein dürfen.

VK → Die Einladung zur Biennale hat euch zu einem Zeitpunkt erreicht, an dem ihr sehr beschäftigt wart. Ihr habt aber beide schnell zugesagt und ein sehr durchdachtes und unterhaltsames Projekt konzipiert. Wie sieht die Zusammenarbeit mit eurem Team im Atelier aus? Bitte gebt uns einen kleinen Einblick in euren Gestaltungsprozess.

JW → Jedes Projekt, jeder Prozess ist anders und daher sind auch unsere Ansätze immer verschieden. Manchmal ist das ganze Atelier eingebunden, manchmal sind es nur Stefan und ich, die die Ideen entwickeln. Es ist ein sehr organischer Prozess. Die Idee zu diesem Projekt haben Stefan und ich gemeinsam erdacht und wir haben dann mit den Designer/innen in unserem Atelier die Typografie erarbeitet. Bei der Umsetzung vieler unserer Ideen haben wir mit externen Zeichner/innen zusammengearbeitet. Die ASMR-Soundeffekte wurden von einer Kollegin in Japan gemacht, das Soundstudio, mit dem wir arbeiten, befindet sich in Brooklyn. Es war ein aufwendiger Prozess, aber das Ergebnis wird gut.

VK → Vielen Dank!

"Beauty = Function"

→ Verena Konrad
  in conversation with
  Jessica Walsh
  and Stefan Sagmeister

Verena Konrad → Why does beauty matter in architecture and for society? Could you please give us a little history or insight into why this topic is so important to you?

Jessica Walsh → Beauty is a topic that we've been interested in for a decade and started to really address in the past year and a half. We're working on a large-scale exhibition that's going to be staged at the MAK (Museum für angewandte Kunst) in Vienna later this year. This exhibition is basically looking at the psychology and the history of beauty, why humans respond to beauty and how it is really, at the core, functionality. We're looking at the history of how beauty has not been taken that seriously in a lot of art and architecture in recent years and what we can do to reverse this.

Stefan Sagmeister → When we work hard on formal expression things seem to work much better. We found that whenever we were only concerned about the function, not only were the outcomes not emotional, pleasing and delightful but they didn't even function well. When we're preoccupied with function the outcomes are kind of inhuman and not delightful. Through beauty we can make something that's more pleasing to human nature because we can show that human beings took beauty seriously from the pre-stone age all the way until 1920. Then it became more complicated.

VK → Why do you think it became more complicated?

SS → I think that this has a lot to do with World War I. In the 19th century beauty was still seen as a moral value. When World War I turned out to be this awful war where these civilised nations killed each other in the most terrible ways, many artists came back from the war disillusioned with the values of the civilised nations. They wanted to get rid of beauty as one of these values. Throughout the 20th century – and, specifically, the second half of the 20th century – this idea was transformed into an economic functionalism. Form didn't play that role anymore. I think that you can still see this today. You can also see a lot of push-back by older architects. Architects in their sixties, seventies and eighties are still completely against beauty. They still have the idea that this is old-fashioned whereas the exact opposite is true. Their thinking is old-fashioned because all those ideas are from the 1920s – these ideas are, like, a hundred years old! They've been reiterated without much critical thinking.

VK → You're working on a project for Venice that brings the two topics "function" and "beauty" together. How would you describe the relationship between function and beauty for art, architecture and everyday life?

ss → This is not just our idea – many of the original modernists discovered this. In the 1930s Adolf Loos was convinced that this whole idea of zero ornament had become its own bad ornament in itself. Max Bill in Switzerland – one of the big modernists – wrote in the 1950s that there will be no good work without the goal of beauty incorporat-ed. To make something that works is pretty easy. We suspect also that much of the obsession with function among designers and architects is rooted in laziness because it's so unbelievably easy to do this shit. To make something that works and is actually beautiful in a sense that's relevant in the 21st century – that is difficult.

jw → There are a lot of studies. When we're in beautiful places we're happier. In New York they've actually tracked people's responses on social media at Grand Central versus Penn Station. In Grand Central the number of positive words that come out on social channels is exponentially higher than when you are in an ugly place like Penn Station that was neither well designed nor well considered. You can also find studies about the fact that crimes are reduced in areas that are beautiful and considered. You can really see how it works and has an effect on us as humans.

ss → By beauty we mean form that has been considered, that is intentional. We actually quite like intentional ugliness. I think that this has its place and works totally fine. What we are against is not caring about form. From Rococo to minimalism, we really do love it all. What all of this good work has in common is that the people who were behind it cared about form deeply.

JW → And we're also not talking about style. We're not saying that modernist work is not beautiful. You can find beauty in ornamental work as well as modernist work.

VK → Could you please describe in your own words the work that you've created for the Austrian Pavilion?

JW → When we heard that the theme was "freespace" the idea was to create a break in the viewer's mind which allows them to rest and enjoy something beautiful that is stimulating but also relaxing. We're essentially creating two types of graphic videos that spell out "Beauty = Function" and we're doing this in various ways with slime, sand and other oddly satisfying materials. When you listen through the headphones you will hear ASMR sound effects that go along with the typography that we are designing. ASMR stands for "Autonomous Sensory Meridian Response". It's really just used to describe the pleasant tingling sensation that some people get when they hear these kinds of sound effects. Some people even say that it's like an orgasm for the brain. We're trying to combine that beautiful sound with the beautiful imagery. Visitors who listen through the headphones will also be able to hear a little writing that we are doing about our own belief in beauty and about how this is key to functionality in architecture and design.

SS → We've been to the Architecture Biennale many times and know the situation: There's an incredible amount of work to be seen, an over-stimulation for the senses. By the time you arrive at the Austrian Pavilion, you've seen a lot already. In the Austrian Pavilion itself three different positions are on show. We thought that we should create these two tiny islands in the sea of so many impressions. We want to show something that is beautiful and makes sense for us as designers. So it's also typographical and basically, ultimately, says the things we want to say – Beauty equals Function – but, at the same time, says it in a contemporary way. A way that is really now and not 2015 or 2012 or 1918. There is a certain type of beauty there and, at the same time, this slickness that is digitally generated, with things just falling into place – is a right now kind of beauty.

VK → I invited you in order to create a wider context for what freespace could mean through your approach to the topic but also to show that designing freespace is a challenge that can't only be solved by one discipline.

SS → On one hand the idea of inter-disciplinarity has been around for so long and is so widely spread that it almost lost its meaning. On the other hand we're completely behind it because it's the only way the world will move forward. This is true for inter-disciplinarities between the various sciences. This is happening much more now because we have realised how we're all connected. Of course it's also true between the arts. Let's say between design and architecture: these were very close together in Vienna in 1900 and during the Bauhaus. Then they moved apart again. Now we're arriving at a time in history where they are actually moving closer.

VK → What does the Biennale mean to you?

SS → The Venice Biennale – art and architecture – is my most favourite way in the world to see art. As a viewer I've never seen another set up where I can happily go at 10 am and see art without a break until 6 pm when they close, for three days non-stop and still have a desire for more. I go to MoMA in NYC and I'm done after three hours. But because of the fantastic set-up in the park with the pavilions it's a really wonderful way to display art and architectural thinking. From this point of view I'm proud and happy that we can be part of this.

VK → The invitation to the Biennale came when you were actually very busy. But you both agreed very quickly and the result is thoughtful and very enjoyable. How do you work together with your team in the studio? Could you please give us a little insight into your creative processes?

JW → Every project and process can be different. There's not one set route for every project. Sometimes we involve the whole studio, sometimes it really is just Stefan and I coming up with ideas. It can be quite organic. For this one, Stefan and I came up with the idea together and we've been working with the designers in our studio to execute the typography and we've been working with outside animators to help actually implement and execute a lot of the ideas that we have. Then the ASMR sound effects are being done by a colleague in Japan and we're working with a sound studio in Brooklyn. It's been quite a process but it will be a good result.

VK → Thank you so much!

LAAC

„Wir müssen die
Beziehung verschiedener
Räume und Orte
zueinander erkennen."

→ Verena Konrad
im Gespräch mit
Kathrin Aste
und Frank Ludin

Verena Konrad → Wie ist eure bisherige Biografie als Architekt/in verlaufen? Wie seid ihr zur Architektur gekommen?
Frank Ludin → Ich bin in Weil am Rhein geboren und in einer Familie mit großem Bezug zu Handwerk und technischem Denken aufgewachsen. In meiner Jugend und während des Studiums bin ich sehr viel gereist. Nach dem Abitur war ich so zum Beispiel ein Jahr in Nord- und Zentralamerika, wo ich die Bekanntschaft mit Menschen aus Innsbruck machte. Der Grund, schließlich wirklich nach Tirol zu kommen, waren für mich die Berge. Ich wollte an einen Ort mit intensiven Landschaftsbezügen und natürlich hat Sport dabei eine große Rolle gespielt. Meine erste wichtige Lebensentscheidung

war es, nach Innsbruck zu kommen. Zunächst habe ich aus meinem Interesse an Landschaft heraus Geografie bis zum Vordiplom studiert, bis mir klar wurde, dass ich einer schöpferischen Tätigkeit nachgehen will. Ich wollte etwas machen, das mehr aus mir heraus arbeitet. Die zweite wichtige Lebensentscheidung war für mich, Architektur zu studieren. Ich habe sehr intensiv studiert und nach dem Studienabschluss am Institut von Kjetil Thorsen und Patrik Schumacher gearbeitet. In dieser Zeit haben Kathrin und ich uns noch als Studierende von Volker Giencke kennengelernt, der uns beide stark geprägt hat – vor allem in seiner Art und Weise, die Architektur zu verstehen, offen zu sein, die Wahrnehmung zu schärfen, kritisch zu sein, Dinge zu hinterfragen – und zwar in jeder Richtung. Das ist für uns eine sehr wichtige Basis. Seit 2009 arbeiten Kathrin und ich gemeinsam als LAAC.

VK → Kathrin, was waren deine bisherigen Stationen?

Kathrin Aste → Ich bin in Innsbruck geboren und hier geblieben. Eigentlich bin ich also ein Kind dieses landschaftlich so dramatischen Raumes. Die Topografie oder die Landschaft, die mich umgibt, hat mich stark beeinflusst. Unser Architekturverständnis als LAAC basiert auf einem landschaftlichen und damit kontextbezogenen Konzept. Die zweite Prägung ist jene durch meine Familie. Ich komme aus einer Familie, in der das Bauen immer schon die zentrale Berufung war. Das war bei meinem Vater als Konstrukteur so, bei meinem Großvater als Baumeister, meine Großmutter väterlicherseits war eine der ersten Baumeisterinnen Österreichs. Für meinen Vater war Architektur immer ganz wichtig. Ich bin in einem Umfeld aufgewachsen, das sich immer mit moderner, zeitgenössischer Architektur auseinandergesetzt hat. Wir haben in einem Gebäude von Norbert Heltschl gewohnt – also in einem Bauwerk der Spätmoderne. So war für mich zeitgenössische Architektur immer ein sehr selbstverständliches Umfeld. Die Entscheidung, in Innsbruck zu bleiben und hier auch zu studieren, ist zeitlich mit dem Aufschwung der hiesigen Fakultät zusammengefallen. Ich habe eine gute Ära mit interessanten Persönlichkeiten erlebt, die diese Fakultät geprägt haben – wie zum Beispiel Volker Giencke, Kjetil Thorsen, Patrik Schumacher. Aber auch ältere Generationen, wie Josef Lackner, waren wichtig. Mit 26 Jahren habe ich, selbst noch sehr jung, meine Tochter bekommen. Auch dieser Bezug hat mich noch stärker hier verankert.

VK → Ihr habt gleich zu Beginn eurer Zusammenarbeit mit einer herausfordernden Aufgabe begonnen, einer Sprungschanze in Kasachstan.

FL → Ja, das war unser erstes Projekt und ein Anfang, der sehr stark über Kathrins Vater entstanden ist. Er hat uns viel über die Kunst des Konstruierens beigebracht. Er hat uns die Schönheit und Ästhetik der schlanken Konstruktion gelehrt. Mit ihm entwarfen wir eine Schanze in Kasachstan, die heute fast fertig ist, und unser erstes realisiertes Projekt, das Top of Tyrol, das eines unserer Schlüsselprojekte ist. Als junges Büro war das eine einmalige Chance. Dass die Zusammenarbeit mit einem außerordentlich offenen und mutigen Bauherrn unglaublich fruchtbar sein kann, war eine wichtige Erkenntnis, die wir früh machen durften. Das Projekt ist für uns aber auch wichtig, weil es zum ersten Mal unsere Auseinandersetzung und Haltung zur Landschaft deklariert. Damit wurde unser Büro auf einen Schlag sichtbar.

VK → Vielleicht ist das nur mein subjektives Erleben, weil ich eure Arbeit und euch als Personen schon lange beobachte. Kathrin war als Studierende oder Assistentin bereits eine prägende Figur in der lokalen Architekturszene. Könnt ihr das bestätigen?

FL → Absolut!

KA → Ich habe mich schon immer sehr engagiert. An der Universität selbst war ich zehn Jahre lang Assistentin von Volker Giencke und habe an der Entstehung des legendären studio3 mitwirken dürfen. Auch im aut – architektur und tirol bringe ich mich schon lange ein. Dieses Engagement in der Architektur ist ein ganz zentraler Aspekt unserer Arbeit, der zwar unentgeltlich und ehrenamtlich ist, aber in einer Branche, die sehr stark kulturschaffend und künstlerisch agiert, zentral. Vielleicht bin ich deshalb eine scheinbar sichtbare Figur der lokalen Architekturszene. Die Forschung ist natürlich auch wichtig für die Architektur. Nach meiner Lehrtätigkeit an der Universität in Innsbruck ist die Lehre in Liechtenstein gefolgt, wo ein praktischer Ansatz vermittelt wird. Danach bin ich an eine Institution gekommen, die wiederum einen sehr intellektuellen und künstlerischen Ansatz verfolgt, an die Akademie der bildenden Künste in Wien. Diese verschiedenen Zugänge prägen unser Büro sehr stark. Wir lassen uns durch diese Einflüsse anregen, Fragestellungen zu formulieren und weniger von vornherein über Lösungen zu diskutieren.

VK → Das ist der ideale Link zu unserem Projekt in Venedig. Was bedeutet die Teilnahme an der Biennale für euch persönlich und als Büro?

FL → Wir gehen seit langem regelmäßig auf die Biennale, Kunst wie Architektur. Sie ist für uns eine Plattform des Diskurses einer lebendigen Architekturszene. Sie wirft mehr Fragen auf als sie meist beantwortet und diese Fragen sind uns wichtig. Die Präsenz auf der Biennale ist für uns eine herausragende Auszeichnung und eine Möglichkeit, einen Beitrag in diesen Diskurs einbringen zu können. Das Thema trifft uns gut. Wir freuen uns enorm darüber, zum Thema Freiraum arbeiten zu dürfen.

KA → Ich glaube, dass die Biennale als Ganzes eine der Ausstellungsplattformen ist, die es einerseits schafft, Austausch in der Fachwelt herzustellen und gleichzeitig durch breite Kommunikation in die Gesellschaft zu wirken. Es fühlen sich auch Menschen angesprochen, die nicht direkt am Architekturschaffen beteiligt sind. Es ist für uns eine schöne Chance, unseren Gedanken durch unseren Beitrag hier Ausdruck zu verleihen.

VK → Wie habt ihr das Thema Freespace zu Beginn eurer Arbeit reflektiert?

FL → Mit dem Thema Freespace ist etwas angesprochen, was den öffentlichen Raum, den Außenraum und unsere Umwelt thematisiert. Es stellt sich die Frage, inwieweit dies im Kontext der Biennale, der Giardini, die eigentlich für sich ein unglaublich schöner Außenraum sind, gefasst werden kann. Wenn man dort hinkommt, findet man eine Gartenanlage vor, in der man sich ausruhen kann – ein sehr angenehmes Ambiente und eine schöne Atmosphäre. Baut man jetzt dort einen quasi öffentlichen Raum hinein oder einen Aufenthaltsraum und erweitert damit die Infrastruktur der Biennale? Für uns hat sich sehr schnell die Frage gestellt, ob Freiraum nicht eigentlich vor allem ein ideelles Konstrukt ist. Oder ob es ein Raum ist, der sich vor allem im Kopf abspielt, unseren Sehnsüchten und Bedürfnissen Ausdruck verleiht. Wir sind vor der Entscheidung gestanden, einen Raum zu bauen, den man benützen kann bzw. den wir zur Verfügung stellen, eine Metapher zu bauen oder eine Fragestellung zu formulieren, die wir im Kontext des Pavillons stellen.

VK → Wie habt ihr das für euch gelöst? Wofür habt ihr euch entschieden?

KA → Die Giardini sind eine Reibungsfläche hinsichtlich der Themenstellung an sich, aber gleichzeitig auch mit dem Ort. Die Pavillons wurden in einer völlig anderen Zeit konzipiert und gebaut. Auch sie bieten eine unglaublich schöne Reibungsfläche. Der Pavillon von Josef Hoffmann ist grundsätzlich stark symmetrisch angelegt. Aber dann ist da diese bogenförmige Gartenmauer, ein Entwurfselement oder Gestaltungselement, das erst 1954 – also zwei Jahre vor seinem Tod – hinzugefügt wurde. Hier wird ein Wandel deutlich, ein Freispielen von diesem strengen Konzept der Symmetrie. Wir haben versucht, den Pavillon zu dislozieren und seine Achse zu verschieben, was Josef Hoffmann eigentlich durch diese Wand im Ansatz auch schon gemacht hat. Doch bis dato war das kaum spürbar. Wir haben also versucht, diese Wende in seiner Haltung, und damit auch unsere Haltung, spürbar zu machen.

VK → Kannst du das genauer in Bezug auf euer Thema Abweichung und relationaler Raum erklären?

KA → Was wir für zentral halten ist, dass wir unseren Fokus verschieben und auszoomen müssen. Wir müssen die Beziehung verschiedener Räume und Orte zueinander erkennen. Da ist das Thema des relationalen Raumes. Räume, die eine Beziehung über das eigentliche Raumbehältnis hinaus haben – in diesem Fall ist das der Österreichische Pavillon. Seine Proportionen bauen auf einem Verhältnis auf, das man vom Goldenen Schnitt ableiten kann. Dass jetzt plötzlich in der Abweichung dieser Symmetrie, in dieser Dezentralisierung, in diesem abermaligen Revolutionieren des Entwurfs von Hoffmann so etwas entsteht wie ein Bodenkörper bzw. ein Erdball, der in den Pavillon eingeschrieben ist, das ist unser großes Bild. Damit stellt unsere Sphäre den Bezug zum Planeten selbst her. Die Dinge beginnen sich fast wie von selbst ineinanderzufügen. Wir mussten nur genau hinschauen. Was jetzt noch hinzukommt, ist die Materialität, die Spiegelfläche. Sie hilft uns, dieses Bild zu unterstreichen.

FL → In der Entwurfsgenese haben wir diverse Betrachtungsweisen eingenommen. Wichtig war uns auch, die Kamera umzudrehen. Wir simulieren den Blick aus Sicht der Erde. Was passiert dann? Dieser relationale Raum, dieser Übergang vom geometrischen Raum, der zu Hoffmanns Zeit vorgeherrscht hat, und die Art und Weise wie wir Raum heute wahrnehmen – dazwischen liegen mehr als ein halbes Jahrhundert und viele Ereignisse und Erkenntnisse.

KA → Unsere Sphäre, diese eingeschriebene Kugel, basiert auf einer nur scheinbar euklidischen Fläche bzw. ist sie eine platonische Form. Tatsächlich ist sie leicht elliptisch. Auch die Erde ist keine perfekte Kugel. Trotzdem wird sie aber als Kugel wahrgenommen – aber nie auf einmal. Außer man fliegt ins All und erlebt diesen Overview-Effekt, von dem die Astronauten von Apollo 13 berichtet haben. Sie schreiben, dass sie eigentlich ausgezogen sind, um das Weltall zu erforschen und beim Zurückblicken entdeckten sie die Erde. Deshalb ist das Skalieren der Erde als Reflexionsmoment hoch interessant: Man nimmt auch im Österreichischen Pavillon dieses Bild der Erde bzw. diese Kugel nie auf einmal wahr. Selbst die Wölbung der Sphäre ist auf den ersten Blick nicht wahrnehmbar. Die Sphäre ist ein Bodenkörper. Beim Begehen dieses Sphärensegments wird körperlich spürbar, dass man über eine Kugel geht und nicht über eine Rampe oder eine zweifach gekrümmte Fläche. Diesen Moment zu spüren und auch zu sehen, dass man eigentlich zentriert ist, ist fast vergleichbar mit dem, was wir als Gravitation wahrnehmen. Die Gravitation macht uns am Ende klar, dass wir alle zu einem Punkt hin orientiert sind und uns in oder auf der gleichen Sphäre befinden.

FL → Wir kommen gerade aus Venedig – die Installation ist jetzt fast fertig. Wenn du das so erzählst, fällt mir auf, dass man fast schon die Masse der Kugel spüren konnte.

KA → Obwohl unsere Arbeit eine klare Form hat, geht es uns im Grunde um das Thema der Abweichung. Das Leitmotiv vom Österreichischen Pavillon war, dass Freespace zum Widerstand gegen das Absolute ermutigt und die Abweichung von der Norm bedingt.

VK → Es war eine kuratorische Vorgabe von mir, dass ihr euch mit dem Pavillon beschäftigt und schließlich auch baut. Wir haben gemeinsam formuliert, dass wir das Thema Freespace ideell und materiell, konstruktiv und poetisch deuten. Das war eigentlich der Ausgangspunkt dafür, dass wir gesagt haben, dass dieser Raum auch widerständig sein muss.

KA → Das war das Interessante. Obwohl es so eine einfache Form war, handelt es sich um eine Form, die widerständig ist – die Abweichung von der Norm, ein Widerstand gegen das Absolute. Allein das Erforschen der Neigung war interessant, weil eine Kugel immer die gleiche Krümmung hat. Im Kontext mit der Erde bekommt sie plötzlich eine unterschiedliche Neigung, weil sie auf die Erdoberfläche bezogen ist. Am höchsten Punkt der Kugel hat man eine Neigung von null Prozent. Je näher man an das Niveau bzw. das Terrain der Erde kommt, umso mehr steigt die Neigung. Am Randbereich unserer Sphäre haben wir eine Neigung von zirka zehn Prozent. Ohne Gravitation würden wir von der Erde herunterfallen. Ein bisschen ist es auch so bei unserer Sphäre.

VK → Es war eine Voraussetzung für die Zusammenarbeit mit den anderen Teams, dass ihr euch untereinander verständigt. Ihr habt, wie von mir erhofft, unterschiedliche Zugänge gefunden. Wie schwierig oder einfach war es für euch, mit den beiden anderen Teams zusammenzuarbeiten? Wie sehr hat die Zusammenarbeit euren eigenen Entwurf geprägt?

KA → Ein Kernthema unserer Auseinandersetzung ist immer der Begriff des Kontextes und der Begriff der Koexistenz. Kontextualisiertes Arbeiten ermöglicht sowohl verschiedene Fragestellungen als auch Objekte oder Orte einzubeziehen. In dem Moment, wo sich andere Objekte, Elemente oder Sichtweisen an einem Ort befinden, ermöglicht das kontextualisierte Arbeiten, diese in Relation zu bringen. Das ist eine Herangehensweise, die wir bei jedem Projekt anwenden und die z.B. auch beim Innsbrucker Landhausplatz wahrnehmbar ist. Im Fall des

Landhausplatzes mussten wir mit den bestehenden Denkmälern arbeiten. Das Landhaus war als Gegebenheit vorhanden. Diese Denkmäler mussten ihre Funktion als Zeitzeugen weiterhin übernehmen können und wurden im neuen Konzept Teil einer Erinnerungslandschaft. Wir haben uns damals gefragt: Wie bringt man diese Elemente in die Gegenwart? Wie bringt man sie in Relation zueinander und in Beziehung zu dem Ort, wie er sich heute darstellt, und wie bringt man sie in Beziehung zu den künftigen Nutzer/-innen. Ähnlich sehen wir das bei unserem Beitrag im Österreichischen Pavillon. Es gibt den Pavillon selbst. Es gibt die Giardini. Die Biennale. Es gibt das Leben da draußen. Es gibt unsere Auseinandersetzung mit dem Client Earth und gleichzeitig gibt es die Auseinandersetzung mit den Projekten der anderen. Diese versuchen wir mit unserer Form und der Materialität dieser Form in Relation zueinander zu setzen.

FL → Noch zur Beschaffenheit dieser Sphäre: Geht es um den Bezug zum Erdball, ist auch der Maßstab relevant. Die Sphäre hat zufälligerweise den Maßstab einer Wanderkarte. Somit hat man ein allgemein bekanntes Bezugssystem, wie groß die Kugel in der Realität wäre. Wichtig sind uns auch Aspekte der Verletzlichkeit, der Brüche, das Thema der Diskontinuitäten, des Alterns – also von Zeit. Die Fläche, die am Anfang der Biennale in einer Hochglanzästhetik noch vorhanden ist, wird im Lauf der Zeit ihre Spuren bekommen. Sie hat Fugen. Die Besucher/innen werden den Freespace, den wir eben nicht nur gedanklich anbieten, auch spüren können. Gleich beim Betreten des Pavillons eröffnet sich plötzlich eine gewisse Virtualität und Bezüge, die nicht nur zwischen Orten hergestellt werden sondern, sondern auch zwischen Wahrnehmungsebenen. Man hört anders, man spürt sich anders und man nimmt Temperatur wahr.

KA → Die Projekte der anderen werden sich in unserer Fläche nicht nur spiegeln, sondern auch verzerren. Das ist insofern interessant, als hier auch drei verschiedene, aber eng miteinander verwobene Begriffe aufeinandertreffen. Unser Konzept von Relation und Abweichung, die Arbeit zum Atmosphärenbegriff von Dieter Henke und Marta Schreieck und die Arbeit von Jessica Walsh und Stefan Sagmeister, die um den Schönheitsbegriff kreist.

FL → Wir freuen uns auf diese Diskussion um den Schönheitsbegriff und sind sehr gespannt, inwieweit der Begriff im Rahmen des Pavillons divers diskutiert werden kann.

VK → Ich wollte noch auf das Thema der Teamkultur eingehen. Es hat mich fasziniert, wie eng ihr trotz der Parallelität diverser Projekte im Vorfeld der Biennale an eurem Team geblieben seid. Ihr habt derzeit Bauprojekte unterschiedlicher Größenordnung im Entstehen. Wie ist LAAC im Moment aufgestellt? Was sind für euch die nächsten Schritte als Architekturbüro?

KA → Wir arbeiten sehr teamorientiert. Einerseits im Kontext mit unseren Mitarbeiter/innen im Büro und andererseits auch mit anderen Professionist/innen – mit Künstler/-innen, aber auch mit Partnern wie Liquid Frontiers, die z.B. übergeordnete inhaltliche Konzepte zum Thema Branding formulieren. Wir tauschen uns wann immer möglich interdisziplinär aus und versuchen gleichzeitig unsere Arbeit durch Forschung zu unterstützen. Es gibt immer Schwerpunktfelder mit Kernthemen, an denen wir arbeiten.

FL → Jeder Architekt forscht im Grunde genommen – das impliziert der Beruf. Uns ist besonders wichtig, eine hohe Professionalität in unserer Zusammenarbeit, in Abläufen, Strukturen und Prozessen halten zu können. Wie Projekte von der Kommunikation, von Verantwortungsstrukturen, von Zuständigkeiten her ablaufen, das sind Themen, mit denen wir uns intensiv beschäftigen. Es geht im Team nicht nur um das eigene Team im Büro, vielmehr ist uns insbesondere auch die enge Zusammenarbeit mit den Bauherren wichtig. Ohne Bauherren gibt es keine Projekte. Es ist auch wichtig, dass auf Augenhöhe miteinander umgegangen wird und wir als Profis in unserer Disziplin unsere Verantwortungsbereiche haben. Gleichzeitig muss eine gewisse Klarheit und Professionalität in der Abwicklung vorhanden sein. Wir planen komplexe Projekte, die sehr herausfordernd sind. Wir sind als Büro kontinuierlich gewachsen und wollen dies auch weiterhin tun. Es ist uns ein Anliegen, Projekte umzusetzen, die eine intellektuelle und kulturelle Tiefe haben.

VK → Vielen Dank!

„We have to recognise the relationship between different spaces and places."

→ Verena Konrad in conversation with Kathrin Aste and Frank Ludin

Verena Konrad → What is your biography as an architect to date? How did you find your way to architecture?

Frank Ludin → I was born in Weil am Rhein and grew up in a family which had a close relationship with handcraft and technical thinking. I travelled widely in my youth and during my studies. After finishing high school, for example, I spent a year in North and Central America where I got to know some people from Innsbruck. The real reason I eventually came to Tyrol was the mountains. I wanted to be in a place which enjoyed an intense relationship with the landscape and sport naturally played a major role in this. My first important life choice was to come to Innsbruck. Building upon my interest in the landscape I then studied geography to intermediate diploma level before it became clear to me that I wanted to pursue a creative activity: something that had more to do with being developed from within. My second major life choice was to study architecture. I did so very intensively and, after graduating, worked in the institute run by Kjetil Thorsen and Patrik Schumacher. Kathrin and I first met during this period while we were still students of Volker Giencke who had an important influence on both of us – particularly in his way of understanding architecture, of being open, intensifying perception, being critical, questioning things – in every direction. For us this is a very important basis. Since 2009 Kathrin and I have been working together as LAAC.

VK → Kathrin, what was your trajectory up to now?

Kathrin Aste → I was born in Innsbruck and stayed here. So I'm actually a child of this region and of its dramatic landscape. I've always been strongly influenced by the topography or landscape that surrounds me. Our understanding of architecture as LAAC is based upon a topographical and, hence, a context-related concept. The second strong influence upon me is my family. I come from a family in which building was always the central calling. This applied to my father, an engineer, and my grandfather, a builder, while my paternal grandmother was one of Austria's first female builders. Architecture was always very important to my father.

I grew up in an environment in which I was constantly encountering modern, contemporary architecture. We lived in a building by Norbert Heltschl – hence, in a late-modern building. As a result of this, contemporary architecture was a milieu that always came easily to me. The decision to stay in Innsbruck and to study here coincided with the resurgence of the local faculty. I experienced a fascinating era with interesting personalities such as Volker Gienke, Kjetil Thorsen and Patrik Schumacher who shaped the faculty. But figures from previous generations such as Josef Lackner were also important. My daughter was born when, at 26, I was still very young. This connection rooted me here even more firmly.

VK → At the very start of your cooperation you were faced with a very challenging task, a ski jump in Kazakhstan.

FL → Yes, that was our first project and a start which we largely owed to Kathrin's father. He taught us a lot about the art of building, about the beauty and the aesthetic of the slender structure. It was with him that we designed the ski jump in Kazakhstan, which is almost finished, and our first completed work, the Top of Tyrol, which is also one of our key projects. This was a unique opportunity for a young office that also offered us an early insight into the unbelievably productive results that can come from working with an extraordinarily open and courageous client. But the project is also important for us because it's the first one in which we could investigate and set out our approach to the landscape. This made our office visible overnight.

VK → Perhaps this is just my subjective experience because I've been observing your work and you as individuals for some time. As both assistant and student Kathrin was already a formative figure on the local architecture scene. Can you confirm this?

FL → Absolutely!

KA → I've always thrown myself into things. At the university I was an assistant of Volker Gienke for ten years and was able to contribute to the creation of the legendary Studio3. I've also been involved for a long time in aut. architektur und tirol. This architectural engagement is a central part of our work which, although voluntary and unpaid, plays a key role in a sector which is highly artistic and creative. Perhaps this is why I'm apparently a visible presence on the local architecture scene. Research is, of course, also important for architecture. My teaching at the University in Innsbruck was followed by teaching in Liechtenstein where the approach is very practical. Then I arrived at an institution which, in turn, has a very intellectual and artistic focus – the Academy of Fine Arts in Vienna. These various approaches strongly shape our office. We allow these influences to inspire us to formulate questions rather than discussing solutions from the outset.

VK → This is the ideal link to our project in Venice. What does the participation in the Biennale mean to you both personally and as an office?

FL → We've been regularly visiting the Biennale, art and architecture, for a long time. For us, the Biennale is a discussion platform for a dynamic architecture scene. It generally throws up more questions than it answers and these questions are important to us. The presence at the Biennale is a great honour for us and an opportunity to make our contribution to this debate. The subject suits us perfectly. We're very happy about being able to work on the subject of "Freespace".

KA → I find that the Biennale as a whole is one of the exhibition platforms that permits the exchange of ideas amongst experts while also having an impact upon society due to its breadth of communication. People who aren't directly involved with the architectural process also feel spoken to. This is a great opportunity to express our ideas through our contribution.

VK → How did you reflect upon the subject of "Freespace" at the beginning of your work?

FL → "Freespace" raises issues that touch upon public space, external space and our environment. It asks the question of how far these issues can be formulated in the context of the Biennale and of the Giardini, which are already an unbelievably beautiful external space themselves. Upon arriving there one discovers gardens in which one can relax – a very pleasant ambience and a wonderful atmosphere. So should one create an almost public space or a more recreational space as a way of expanding the Biennale infrastructure? One question presented itself to us very quickly: Isn't "Freespace" actually first and foremost an immaterial construct? Or a space that principally exists in the mind, that expresses our longings and our needs? We faced the decision of whether to build a space which one can use or to provide a space in the context of the pavilion in which a metaphor can be constructed or a question asked.

VK → How did you solve this? What was your decision?

KA → The Giardini are a sounding board in terms of the subject itself but also in terms of place. The pavilions were designed and built in a completely different age and they, too, provide an unbelievably good sounding board. Josef Hoffmann's pavilion is basically strongly symmetrical. But then there's this curved garden wall, a design element that was added in 1954, two years before Hoffmann's death. Here is a clear change, an escape from this strict symmetrical concept. We've attempted to dislocate the pavilion and to shift its axis, which Josef Hoffmann also partly achieved with this wall. But this was perceptible until now. Hence, we tried to give tangible form to this shift in his – and thus in our – approach.

VK → Can you explain this more precisely with reference to your subject "deviation" and "relational space"?

KA → We see it as essential that we shift our focus and zoom outwards. We have to recognise the relationship between different spaces and places. This is what we mean by the subject of relational spaces: spaces that have relationships beyond the actual spatial container – which, in this case, is the Austrian Pavilion. The proportions of the pavilion are based on a relationship that can be derived from the golden section. Our principal image arises from the fact that, in deviating from this symmetry, in decentralising and once again revolutionising Hoffmann's design, something emerges like a volume in the ground or a globe that is inscribed in the pavilion. This is how our "sphere" establishes its relationship with the planet itself. Things almost begin to fall into place of their own accord. All we have to do is look carefully. Then we add materiality, the reflective surface. This helps us to underline this image.

LAAC

FL → In developing the design we adopted several different approaches. It was also important to us to reverse the camera angle. We are simulating the view from the perspective of the earth. But what happens then? This relational space, this transition from the geometrical space that dominated in Hoffmann's time to the way in which we perceive space today – these are separated by more than half a century and a whole range of events and discoveries.

KA → Our form, this inscribed sphere, is based on an only apparently Euclidean surface and is a platonic form. In reality it's slightly elliptical. Just as the earth is also not a perfect sphere. And yet it's perceived as a sphere – but never all at once. Unless you fly into space and enjoy the overview effect that the astronauts of Apollo 13 reported on. They write that they had actually taken off to explore the universe and only then, looking back, discovered the earth. This is why the scaling of the earth provides such an interesting moment of reflection: In the Austrian Pavilion one also never perceives this sphere is a whole. Even the curvature of its surface is initially imperceptible. The sphere is a volume in the ground. By moving across this spherical segment the body senses that it's moving across a sphere rather than a ramp or a surface curved in just two directions. Sensing this moment and also seeing that one is actually centred is almost comparable with that which we perceive as gravitation. It's gravitation that eventually makes it clear to us that we're all oriented towards one point and standing in or on the same sphere.

FL → We've just arrived from Venice – the installation's almost ready. When you put it like that it now occurs to me that one could already almost feel the mass of the sphere.

KA → Although our work has a clear form the fundamental subject for us is deviation. The guiding principle of the Austrian Pavilion was that "Freespace" encourages resistance against the absolute and necessitates deviation from the norm.

VK → It was a curatorial requirement of mine that you should engage with the pavilion and also build something. We jointly formulated our interpretation of the subject "Freespace" as spiritual and material, constructive and poetic. That was actually the starting point for our decision that this space also had to be resistant.

KA → That was the interesting thing. The fact that, although it was such a simple form, it's a form that's resistant – the deviation from the norm, resistance against the absolute. Investigating the inclination was in itself interesting because a sphere always has the same curvature. In the context of the earth the inclination is suddenly variable because it's related to the surface of the earth. At its highest point the sphere has an inclination of zero per cent. The closer one comes to the ground, to the level of the earth, the more the inclination increases. At the edges of our sphere we have an inclination of around ten per cent. Without gravitation we'd fall from the earth. It's a bit like this with our sphere, too.

VK → One prerequisite for the cooperation with the other teams is that you communicate amongst yourselves. As I hoped, you found different approaches. How hard or easy was it for you to work with the other two teams? To what extent did this cooperation shape your own design?

KA → Constant key issues in our discussions are the notions of context and coexistence. Contextualised work makes it possible to both pose a range of questions and incorporate objects or places. In that moment in which other objects, elements or perspectives are present in a place contextualised work makes it possible to establish relationships with them. This is an approach that we use in every project and that can also be seen, for example, on Landhausplatz in Innsbruck. There, we had to work with the existing monuments. The Landhaus was a given object. These monuments had to be able to continue their functions as witnesses to history and were incorporated into the new concept as part of a landscape of memories. We asked ourselves: How can we transport these elements into the present? How can we establish relationships between them, with the place as it appears today and with future users? We see our contribution to the Austrian Pavilion in a similar way. There's the pavilion itself. The Giardini. The Biennale. And there's life beyond. There's our investigation of "client earth" and, at the same time, our dialogue with the projects of the other teams. We're trying to establish this relationship with the help of our form and its materiality.

FL → Returning to the composition of the sphere: In terms of the relationship with the globe the scale is also relevant. The sphere happens to have the scale of a hiking map which gives one a generally understood reference to its true size. Key aspects for us are vulnerability, ruptures, the subject of discontinuities, of aging – in other words, of time. The surface that, at the beginning of the Biennale is still highly polished will, over time, show traces. It has joints. Visitors will also be able to feel this "Freespace" because we're presenting it as more than just an idea. Upon entering the pavilion they are suddenly aware of a certain virtuality and of relationships between not only places but also levels of perception. One hears differently, feels different and is aware of the temperature.

KA → The projects of the others will not only be reflected in but also distorted by our surface. This is also interesting due to the fact that three different but closely related concepts come together here. Our concept of relationship and deviation, the exploration of atmosphere by Dieter Henke and Marta Schreieck and the work of Jessica Walsh and Stefan Sagmeister that centres on the notion of beauty.

FL → We're looking forward to this discussion of the concept on beauty and are very curious about the different ways in which this can be addressed in the context of the pavilion.

VK → I wanted to continue with the subject of team culture. It fascinated me how closely you stayed together as a team despite the competition from other projects in the run-up to the Biennale. You're currently working on building projects at a number of scales. How is LAAC currently organised? What are your next steps as an architectural office?

KA → We work in a highly team-oriented way. On the one hand in context with our employees in the office and, on the other hand, with other professionals – with artists but also with partners such as Liquid Frontiers who, for example, formulate overarching contentual concepts on the subject of "branding". We enjoy interdisciplinary exchanges of ideas whenever possible while also trying to support our work through research. There are always focal areas with core subjects on which we are working.

FL → Essentially, every architect carries out research – this is implicit to the profession. It's very important to us that we're highly professional in our cooperation, operation, structures and processes. We pay close attention to the way in which projects progress in terms of communication, structures of responsibility and competences. When we think of teamwork it's not just our own team in the office but also the close cooperation with the client that's particularly important to us. Without clients there wouldn't be any projects. It's also important that we treat each other as equals and that, as professionals, we have our areas of responsibility in our discipline. At the same time the process requires a certain clarity and professionalism. We design complex and very challenging projects. We've grown continuously as an office and want to carry on doing so. We're committed to realising projects with intellectual and cultural depth.

VK → Many thanks!

LAAC   74

Installationen im Österreich-Pavillon

Installations in the Austrian Pavilion

→ **Henke Schreieck
„Layers of Atmosphere"
Installation, 2018**

Henke Schreieck – Dieter Henke und Marta Schreieck – tauchen die beiden spiegelgleichen Räume der vorderen Achse des Pavillons durch verschiedene Gestaltungselemente in zwei unterschiedliche Atmosphären. Ausgangspunkt für beide Objekte bildet das längliche Oberlicht jeweils in der Mitte der Hauptausstellungsräume. Einmal wird der Raum mittig mit einer hölzernen, begehbaren Raumskulptur besetzt. Einmal bleibt die Mitte des Raumes als Lichtatrium frei. Es sind Objekte, die auf den vorhandenen Raum reagieren, ihn in seiner strengen Symmetrie auflösen. Der „westliche" Raum ist ein Raum über die Poesie der Konstruktion. Er ist besetzt von einem Holzrahmenwerk aus massiver Eiche: 6,75 x 6,75 x 1,85 m.

Auf den ersten Blick ein simples Gestell. Auf den zweiten Blick irritieren die fehlende Durchgängigkeit der vertikalen und der Höhenversatz der horizontalen Stäbe innerhalb des quadratischen Rahmenkonstrukts. Dies ergibt einerseits Leerräume, welche eine Spannung erzeugen, wie Pausen in der Musik, andererseits eine differenzierte Maßstäblichkeit mit unterschiedlicher Raumdimension – einem Raumplan gleich. Das Objekt könnte als vergrößertes Möbel gesehen werden, welches als Readymade in den Raum gestellt wird und als begehbare Skulptur erschlossen werden kann. Teilweise greifen Ebenen aus dem umschließenden Rahmen, wodurch der Innen- und Außenraum des Pavillons erfahrbar wird.

Über eine Brücke wird die gänzlich andere Atmosphäre des „östlichen" Raumes erschlossen. Die Brücke führt in den Lichtraum des Atriums, dessen Wände aus diffusen Papierwänden gebildet werden, die das Oberlicht rahmen. Die kontemplative Aura dieses Raumes wird gestärkt durch die dunkle Beschichtung der umhüllenden Wände. Der Lichtraum wurde von der in Kärnten lebenden Drachenbauerin Anna Rubin mit konzipiert und realisiert. Papierschichten fassen das Licht, begleiten es in den Raum, umhüllen es. Die Außenflächen sind aus mattem und „stillem" Kozupapier materialisiert. Innen verlaufen Papierbahnen aus schimmerndem, knisterndem Gampi. Die Papierschichten bewegen sich, berühren sich. Mit dem Luftzug und durch die Bewegung der Besucher/-innen entstehen immer neue Schattenspiele und Lichtstreifen auf bewegten Flächen. So stehen sich diese Räume nicht gegensätzlich gegenüber, sondern ergänzen sich als Ost und West, Haut und Skelett, Papier und Holz, Licht und Konstruktion, Imagination und Kognition, Dichte und Leere.

„Es sind Objekte, die auf Raum und Installation reagieren, Assoziationen erwecken und Bezugsfelder zu unserer Arbeit herstellen (komplex – einfach, Maßstab, Offenheit, Transparenz, Schichtung, Licht, Raum, Atmosphäre …)."

Das ‚leibliche Spüren von Bewegungsräumen' ist in dieser Rauminstallation allgegenwärtig. Im Durchschreiten der Installation wird die sinnliche Erfahrung in ihren verschiedensten Formen angesprochen: von der mehr rationalen Aufnahme des Konstruktionsraums im linken Flügel durch visuelle Wahrnehmung, zu der mehr haptischen und akustischen (Rascheln des Papiers) Wahrnehmung des Raumes im rechten Flügel. Alles aber relativiert durch die Aktion des Gehens, Stehens, Sitzens, Liegens usw. der Besucher, die den visuellen wie haptisch/akustischen Raum erst in der Bewegung entstehen lässt. Die Installation bringt sowohl kulturelle als auch phänomenologische und ästhetische Aspekte von Räumen ins Spiel und schafft die Grundlage für eine komplexe Raumerfahrung. Indem sich der Besucher in der Installation bewegt, überschreitet er ständig auch Schwellen dieser Aspekte und findet sich permanent in Übergangs- und Zwischenräumen wieder, die ihn sowohl die abstrakte Schönheit der Konstruktion wie die Potentialität von vermeintlich leeren Räumen spüren lässt. *Walter Ruprechter, Februar 2018*

Henke Schreieck deuten Freespace in ihrem Beitrag nicht bloß als Außenraum. Ihr Interesse gilt dem Raum an sich. Im Fokus ihrer Arbeit steht das Schaffen von Atmosphäre durch Material, Oberfläche, Licht, Haptik, Geräusche, durch Gerüche, Schatten und Bewegung und der Anspruch, räumliche Qualitäten sinnlich erfassbar und lesbar und damit als Gedanken greifbar zu machen. Die Holzkonstruktion, die in Zusammenarbeit mit Martin Huber entwickelt wurde, ermöglicht Blickbeziehungen nach außen wie auch die Möglichkeit, durch den ganzen Pavillon durchzuschauen. So erschließt sich der Gesamtraum durch die ihm eingestellten Objekte.

→ **Henke Schreieck**
  "Layers of Atmosphere"
  Installation, 2018

"The 'physical sense of spaces of movement' is omnipresent in this spatial installation. As one passes through the installation the sensual experience is addressed in all its many forms: from the more rational assimilation of the structural space by means of visual perception in the left wing to the more haptic and acoustic (rustling of paper) perception of the space in the right wing. And yet all of this is put into perspective by the action of the visitor as he walks, stands, sits, lies etc., for it is his movement that first gives rise to the visual and the haptic/acoustic space. The installation brings both cultural and phenomenological and aesthetic aspects of spaces into play and creates the basis for a complex spatial experience. By moving through the installation the visitor also continuously crosses thresholds between these aspects, repeatedly finding himself in transitional and intermediate spaces that enable him to feel both the abstract beauty of the structure and the potentiality of supposedly empty spaces."
Walter Ruprechter, February 2018

Henke Schreieck – Dieter Henke and Marta Schreieck – employ a series of design elements to immerse the two mirrored spaces of the front axis of the pavilion in two different atmospheres. The starting point for both objects is the elongated skylight in the centre of each of the main exhibition spaces. In one case the centre of the space is occupied by an accessible wooden spatial sculpture. In the other the centre of the space remains free in the form of a light atrium. These are objects that react to the available space and dissolve into its strict symmetry. The "western" space is dedicated to the poetry of construction. It is occupied by a timber structure built of solid oak. 6.75 x 6.75 x 1.85 m. At first glance, a simple framework.

At second glance, however, one is perplexed by the lack of continuity of the vertical elements and the steps in the horizontal elements of the square framework. This creates, on the one hand, voids that generate tension much like the tension generated by pauses in music and, on the other hand, a separate sense of scale with a different spatial dimension – similar to a room plan. The object could be seen as an enlarged piece of furniture that is placed in the space as a ready-made and can be entered as an accessible sculpture. Platforms partially emerge from the surrounding framework, enabling the space within and without the pavilion to be experienced.

The connection with the completely different atmosphere of the "eastern" space is provided by a bridge. This transports the visitor into the light space of the atrium whose edges are formed of diffuse walls of paper that frame the skylight. The contemplative aura of this space is reinforced by the dark coating to the surrounding walls. The light space was conceived and realised together with the Carinthia-based paper artist Anna Rubin. Layers of paper capture the light, accompany it into the space, envelop it. The external surfaces are materialised from "silent" matt kozo paper. Strips of shimmering, rustling gampi paper line the inside. The layers of paper move, touch. The breeze and the movement of visitors continuously generate new plays of light and shadow on the shifting surfaces. As a result, these spaces don't confront each other as opposites but complement each other as East and West, skin and skeleton, paper and wood, light and structure, imagination and cognition, density and void.

"These are objects that react to the space and the installation, awaken associations and establish fields of reference with our work (complex – simple, scale, openness, transparency, layering, light, space, atmosphere …)."

In their contribution Henke Schreieck interpret Freespace as more than mere external space. They are interested in the space itself. The focus of their work is the creation of atmosphere with the help of material, surface, light, haptic, sound, smell, shadow and movement, coupled with the desire to render spatial qualities sensually detectable and legible and thus tangible in the form of ideas. The wooden structure that was developed in cooperation with Martin Huber opens up views to the outside while also making it possible to see right through the pavilion. Thus, the overall space is rendered accessible by the object placed within it.

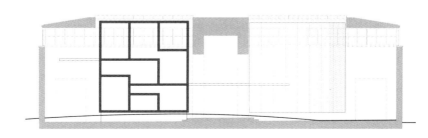

→ **Sagmeister & Walsh
„Beauty = Function"
Installation, 2018**

Im Kontext von „Freespace" widmen sich Stefan Sagmeister und Jessica Walsh dem Verhältnis von Schönheit und Funktion. Provokant formulieren sie die These: „Beauty = Function", stellen damit aber kein Regelwerk auf, sondern kommunizieren ihren Erfahrungswert. Mit ihrer These verweisen sie auf die Notwendigkeit, ästhetische Bedürfnisse des Menschen als Grundbedürfnis anzuerkennen. Es braucht einen neuen ästhetischen Diskurs als kritische Praxis, einen Diskurs, der sich nicht selbst genügt, sondern Teil des Nachdenkens über die Qualiät von Gestaltung und ihrer Wirkung ist. Ästhetik als Theorie der sinnlichen Wahrnehmung kann hier viel mehr leisten, als Beurteilung von Artefakten zu sein.

Eine an Funktion und ökonomischer Effizienz orientierte Welt produziert ästhetisch konsumierbare Werbeträger, als Produkte, aber auch in Form von Gebäuden. Jessica Walsh und Stefan Sagmeister drängen mit ihrer Aussage auf einen neuen Humanismus. Dieser Humanismus tritt der Rationalisierung des Lebens gegenüber und plädiert für eine Gestaltung, die auf Kommunikation und einer Vernetzung mit allen an der Gestaltung von Lebensräumen beteiligten Akteuer/innen beruht. Dazu zählen längst auch virtuelle Lebensräume, die unsere Erfahrung realer Räume maßgeblich mitbestimmen. Das englische Wort „fair" beschreibt diese Mehrdimensionalität in einem Wort. Fair bedeutet beides: schön und gerecht. Die Beschäftigung mit ästhetischen Fragen führt immer auch zu einer Kritik von Gegenwartskultur als gesellschaftlicher Praxis.

Das Istgleichzeichen in der Mitte der beiden Räume, in denen sich Sagmeister & Walsh den Begriffen „Beauty" und „Function" widmen, ist eine Ausgleichsfläche, ein In-Beziehung-Setzen, eine Fläche, in der Funktion und Ästhetik einander als Bilder begegnen. Welche Funktion hat Schönheit für das Leben von Menschen? Welche Funktion hat die Schaffung gestalterisch hochwertiger Räume für Gemeinschaft? Design hat den Anspruch, etwas zu machen, das unterstützt, das subjektiv erfahrbar und erfassbar ist, einem menschlichen Maßstab im Denken und Fühlen folgt, ein Instrumentarium schafft, das das Spiel nicht selbst bestimmt, sondern hilft, Autonomie zu wahren. Es geht um die Betroffenheit des Subjekts, das Aktivieren eines Sensoriums, die Lust am Schauen und Fühlen, um eine Körperlichkeit im Räumlichen, die aber auch imaginiert sein kann.

So ist die Arbeit von Sagmeister & Walsh im Rahmen von **Thoughts Form Matter** auch eine Projektion. Die haptischen Erfahrungen machen hier andere, stellvertretend, virtuell. Hochtransformative Materialien wie Sand und „Slime", visuell und akustisch übersteigert, stimulieren in Absenz des eigentlichen Reizes, verformen sich zu Buchstaben, aus denen sich Wörter bilden, gekleidet in unterschiedliche Typografien. Der Kontrast von Formgebung und Wortfindung, die Geschwindigkeit des Übergangs, die Überlagerung von körperlicher Erfahrung und virtueller Präsenz, von Stimme und Sound, von Sprache und Bild im gespiegelten Raum erzeugen einen Gedankenraum außerhalb der Definition von Atmosphäre als gemeinsamer Wirklichkeit von Wahrnehmendem und Wahrgenommenem. Hier beobachten wir nur, sind stille Teilhaber/innen. Und doch funktioniert dieses Spiel als Teil einer ästhetischen Ökonomie, die einen guten Teil unseres Alltags bestimmt.

„Freespace" ist dort, wo diese Ökonomie endet, in einer Kultur, die Abweichung fördert, die sich nicht ständig selbst wiederholt, die widerständig ist, sich immer wieder neu erfindet und sich selbst nicht absolut setzt. So bleibt das Material, das hier aus Begriffen und dem Bild von hochtransformativen Materialien besteht, auch ständig im Fluss.

→ **Sagmeister & Walsh**
"Beauty = Function"
Installation, 2018

In the context of "Freespace" Stefan Sagmeister and Jessica Walsh address the relationship between beauty and function. They provocatively propose a theory – "Beauty = Function" – but, in doing so, are seeking not to write new rules but to communicate their experience. Their theory points to the imperative of recognising aesthetic needs as basic needs. This requires a new critical approach based on an aesthetic discourse that, rather than being enough in itself, forms part of our consideration of the quality and impact of design. In this sense, aesthetics can offer much more as a theory of sensory perception than as a methodology for the evaluation of artefacts.

A world geared towards function and economic efficiency produces aesthetically consumable advertising vehicles – as products, but also in the form of buildings. With their statement Jessica Walsh and Stefan Sagmeister are pressing for a new humanism. A humanism that confronts the rationalisation of our lives and pleads for design based on the communication between and the integration of all those involved in the shaping of environments – including the virtual environments that have long since had a significant impact upon how we experience real spaces. The English term "fair" describes this multi-dimensionality in a single word. Fair means both beautiful and just. This preoccupation with aesthetic issues also constantly leads to the criticism of contemporary culture as social practice.

The 'equals' sign in the centre of the two rooms in which Sagmeister & Walsh address the terms "beauty" and "function" is a buffer, a statement of a relationship, an area in which function and aesthetics encounter each other as images. But what is the function of beauty in our lives? What is the function of the creation of spaces of high aesthetic quality for the community? Design seeks to do something that supports, is subjectively tangible and accessible, thinks and feels at the human scale, creates a set of tools that not only determines the nature of the game itself but also helps us to retain our autonomy. It is about the impact on the subject, the activation of a sensorium, the desire to see and to feel, the relationship of the physical with the spatial, which can also be a virtual relationship.

Thus, the work of Sagmeister & Walsh within the framework of **Thoughts Form Matter** is also a projection. Here, the haptic experiences are being enjoyed by others, vicariously, virtually. Highly transformative materials such as sand and slime, visually and acoustically excessive, stimulate in the absence of true stimuli, deform themselves into letters which become words, dressed in different typographies. The contrast of finding forms and finding words, the speed of the transition, the superimposition of physical experience and virtual presence, of voice and sound, of speech and image in the mirrored room create a cognitive space beyond the definition of atmosphere as a reality shared by the perceiving and the perceived. Here we merely observe, are silent participants. And yet this game works as part of an aesthetic economy that determines a large part of our daily lives. Freespace can be found where this economy ends, in a culture that encourages deviation, isn't repetitive, is resistant, constantly reinvents itself and never comes to a stop. This enables the substance, which in this case consists of ideas and the image of highly transformative materials, to also remain in a constant state of flux.

→ **LAAC**
Sphäre 1:50.000
Installation, 2018

Der Österreichische Pavillon wird vorwiegend als streng symmetrisches Gebäude wahrgenommen. Er wurde 1934 nach Entwürfen von Josef Hoffmann und Robert Kramreiter errichtet. 20 Jahre später, zwei Jahre vor seinem Tod, fügte Josef Hoffmann eine bogenförmige Gartenmauer hinzu. LAAC hat diese Geste als Abweichung gedeutet, als Revolutionieren des eigenen Entwurfs, als Übergang von einem absoluten Raumverständnis hin zu einem relativen. Sphäre 1:50.000 ist eine poetische Inszenierung, eine räumliche Abweichung.

Geometrisch bezugnehmend auf die Bogenform der Gartenmauer, haben LAAC eine scheinbar euklidische Kreisfläche in den Pavillon eingeschrieben. Durch die Krümmung dieser Fläche wird deutlich, dass sich an der Oberfläche das Segment einer Sphäre offenbart. Der angedeutete, in der Wahrnehmung fast kugelförmige Körper dezentralisiert das Bauwerk und der Ort oszilliert zwischen der absoluten Raumvorstellung des Pavillons und einem neuen, relationalen Verständnis von Raum.

Sei es nun eine Folge der Anwendung des Goldenen Schnitts im historischen Entwurf oder einfach purer Zufall, die Sphäre im Pavillon misst einen Radius von 128 Metern und steht somit im Verhältnis von 1:50.000 zur Erde. Die gekrümmte Fläche ist wie die Erde selbst ein Körper. Ein „Boden-Körper", dessen verspiegelte Oberfläche von der Dualität des Raums erzählt und unser Verhältnis zur Erde hinterfragt. Sie veranschaulicht einen Raum, in dem man sich sieht, wo man nicht ist, und vergegenwärtigt jenen Ort, an dem man sich befindet.

Sie krümmt, verzerrt, transloziert und ermöglicht einen maßstäblichen Sprung, einen Sprung in ein Außen, in ein Außerhalb des Gegebenen und Vorstellbaren. So wird der Spiegel zum Instrument der Abweichung anstatt der Symmetrie. Symmetrie und Abweichung stehen einander wechselseitig gegenüber und erweitern die Räume des Pavillons. Die Oberfläche der Sphäre ist eine verletzliche. Sie ist nicht nur reflektierend im Sinne optischer Wirksamkeit, sondern reagiert auch in ihrer Materialität auf atmosphärische Einflüsse wie Licht, Temperatur und Regen. Somit zeichnen LAAC mit ihrer Sphäre kein statisches Bild von Raum, sondern eines, das in Wechselwirkung mit der Umwelt entsteht. Es entsteht ein gegensätzlicher Raum. Ein verletzbarer, heißer und kalter Raum, der verschmutzt und zerkratzt. Ein Raum, der sich in seiner Übersteigerung jeglicher herkömmlichen Funktion widersetzt und gerade darin seine gesellschaftliche Funktion unterstreicht. Die eingeschriebene Sphäre schafft so einen neuen Kontext. Eine neue räumliche Konfiguration, die das Außen, Innen, Oben, Unten, Da und Dort auflöst. Die Folge ist eine Synthese, basierend auf der Anerkennung des Komplexen, Ambivalenten, Unbeständigen und Fragmentarischen. Durch dieses Verständnis von Raum werden Ort und Identität, werden Form und Materialität in Relation gebracht.

    Angeregt wurde diese Arbeit durch den Anspruch, den Grafton Architects in ihrem Manifest zum Thema Freespace formuliert und damit die Erde zum Auftraggeber erklärt haben. „We see the earth as client" trifft sich mit der Haltung von LAAC, deren Architektur immer landschaftsbezogen ist. So ist die Sphäre konsequent Bezugsraum für alle natürlichen und kulturellen Ereignisse. Sie spiegelt das naturräumliche Umfeld gleichermaßen, wie auch die Arbeiten von Henke Schreieck und Sagmeister & Walsh im Pavillon. Freiraum setzt auf das, was sein könnte, auf das Mögliche, das Potenzielle, auf das Unbestimmte, Unerwartete, Unangepasste, das Eigenwillige, auf Kontingenz. Freiraum ermutigt zum Widerstand gegen das Absolute und bedingt die Abweichung von der Norm.

→ **LAAC**
"Sphere 1:50.000"
Installation, 2018

The Austrian Pavilion is principally perceived as a strictly symmetrical building. It was built in 1934 according to a design by Josef Hoffmann and Robert Kramreiter. Twenty years later, two years before his death, Hoffmann added a curved garden wall. LAAC has interpreted this gesture as one of deviation, as a revolutionising of one's own design, as a transition between an absolute and a relative understanding of space. "1:50.000" is a poetic mise-en-scène, a critical environment, the image of the transcendence of this spatial deviation. Referring geometrically to the curved form of the garden wall LAAC have inscribed an apparently Euclidian circular surface in the floor of the pavilion. The curvature of this surface makes it clear that it is the manifestation of the segment of a sphere. The suggested volume, which is perceived as almost spherical in form, decentralises the building, causing the place to oscillate between the absolute spatial idea of the pavilion and a new, relational understanding of space.

Whether as a result of the use of the golden section in the historical design or, simply, of pure chance, the sphere in the Austrian Pavilion has a radius of 128 metres and, hence, a scale of 1:50,000 vis-à-vis the earth. Like the earth itself the curved surface is a volume, a "ground-body", whose reflective surface tells of the duality of the space and questions our relationship with the earth. It illustrates a space in which one sees oneself where one is not and brings to mind the space in which one is actually situated. It bends, distorts, transports and facilitates a leap into another place, one that is beyond the given and the imaginable. In this way, the mirror becomes the instrument of deviation rather than of symmetry. Symmetry and deviation confront each other and reciprocate, expanding the spaces of the pavilion. The surface of the sphere is vulnerable. It is not only reflective in the sense of visual effect but also reactive, through its materiality, to atmospheric influences. This becomes noticeable through its expansion upon heating up and the sensation of suction. Through the sphere, LAAC is portraying not a static image of space but, rather, one that emerges through its interaction with the context – visual, atmospheric, constructive and intellectual. The result is an oppositional space. A vulnerable, hot and cold space, soiled and scratched. A space whose transcendence opposes any conventional function and, through precisely this opposition, underlines its social function. Free space makes use of that which could be, of the possible, the potential, the indefinite, the unexpected, the unorthodox, the idiosyncratic – of contingency. Free space encourages resistance against the absolute and necessitates the deviation from the norm. Thus, the inscribed sphere creates a new context: a new spatial configuration that does away with outside and inside, above and below, here and there. The result is a synthesis that is based on the recognition of the complex, the ambivalent, the unstable and the fragmentary. This is an understanding of space which establishes a relationship between place and identity, form and materiality.

This work was inspired by a sentence from the manifesto of Grafton Architects which conceptually outlined the subject of Freespace. This sentence, "we see the earth as client," aligns perfectly with the approach of LAAC, whose architecture is always created in relationship to a landscape. In this sense, the sphere is a rigorous relational space for all natural and cultural occurrences. It reflects the natural surroundings, cloud formations, weather conditions, the presence and actions of living things as well as the work in the pavilion of Henke Schreieck and Sagmeister & Walsh, for which the work of LAAC is "common ground" in the sense of a space of recognition and knowledge that is shared between communicating partners.

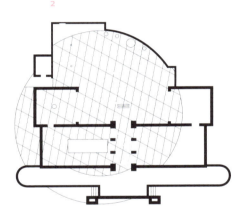

1
Schnitt durch
Sphäre und Pavillon
Section through
sphere and pavilion

2
Grundriss
Sphärensegment
Plan of segment
of sphere

Impressionen

Impressions

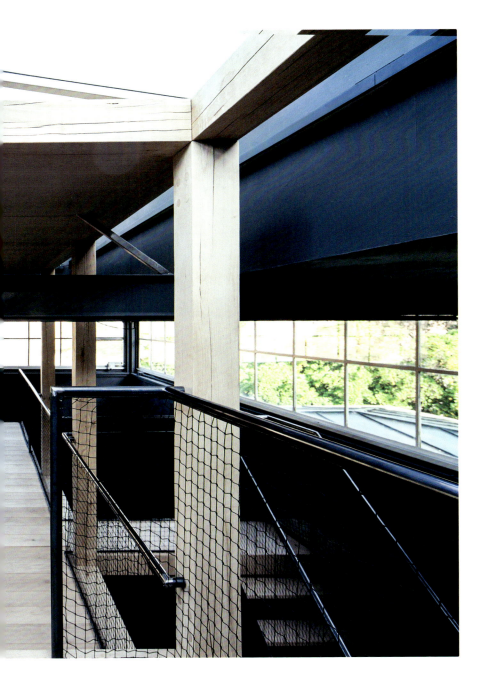

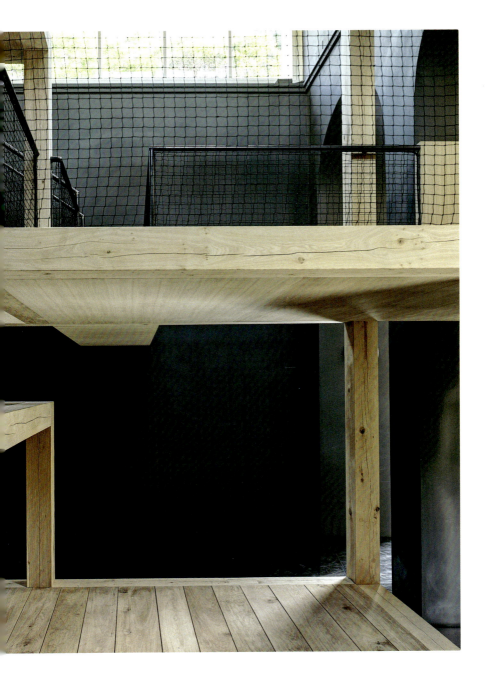

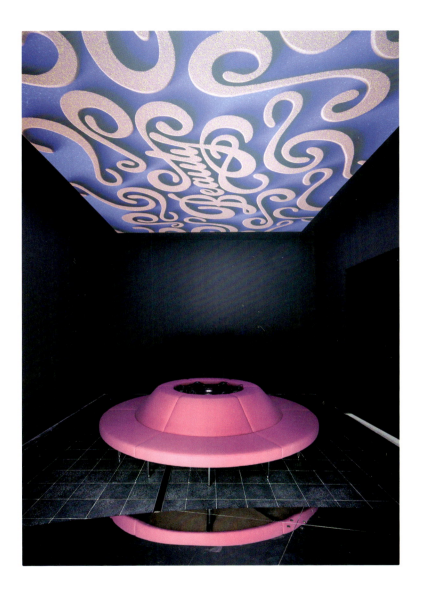

Biografien

Biographies

→ **Henke Schreieck**

Marta Schreieck und Dieter Henke arbeiten seit 1982 als Henke Schreieck zusammen. Beide stammen aus Tirol, geboren in Innsbruck bzw. Kössen, und haben ihre wesentliche Prägung durch das Studium an der Akademie der bildenden Künste Wien bei Roland Rainer erfahren, bei dem sie ab 1981/82 als Assistent/in am Institut für Städtebau und neben dem Studium auch in dessen Büro arbeiteten. Die Arbeit von Henke Schreieck begann zunächst mit kleineren Bauaufgaben, doch schon bald wechselten Marta Schreieck und Dieter Henke den Maßstab und nahmen fast ausschließlich an Wettbewerben für große, komplexe Projekte teil. Ende der 1980er Jahre konnten sie mit zwei Wettbewerbserfolgen Bauten realisieren, die bis heute als Schlüsselprojekte in der Biografie des Büros gelten. Das erste davon, die **Sozialwissenschaftliche Fakultät der Universität Innsbruck**, fertiggestellt 1999, wurde von der Architekturkritik freudig aufgenommen:

Die Wurzeln für diese geglückte Bauaufgabe liegen in ihrer Idee. Für eine ‚Offene Universität', die ihre Rolle in Wirtschaft und Gesellschaft, in Stadt und Land, in Weiterbildung, Kultur und Tourismus ständig neu und flexibel definiert, kann auch eine bauliche Form konzipiert werden, die diese Werte sichtbar macht. [...] Die Idee der Offenheit schafft für einen Bau einen rechtlichen Zustand, der weit in gesellschaftspolitische Verhältnisse hineinreicht. Offenheit kann sehr vieles sein und die Architektur kann einen solchen Begriff ernstnehmen, ja ‚darstellen' und in eine räumliche Erfahrung übertragen. Beim Fakultätsgebäude wird zurecht nicht nur die Quer- und Längsdurchlässigkeit gepriesen (die sich in schönen Raumsequenzen abspielt und den städtischen Umraum neu erfahrbar macht), sondern vor allem auch die Durchlässigkeit im Sinne von Ein- und Ausblicken, von Außen-innen- und Innen-außen-Beziehungen. Es ist nicht nur die Stadt, die mit ihrer Bilderflut überall ins Gebäude ‚eindringt', sondern es ist auch der großartige Naturraum, der von den Hörsälen, über die Institutsräume bis zur großen zentralen Halle rundum präsent ist. Hier wurde die Architektur nicht nur zu einer Höchstleistung herausgefordert, sondern es wurde ihr auch die kulturelle und gesellschaftspolitische Rolle zurückgegeben, die ihr gerade in alpinen Regionen immer streitig gemacht wird."
Friedrich Achleitner

In diesem Text sind bereits einige Grundparameter angesprochen, die als Anspruch in allen folgenden Projekten von Henke Schreieck wiederzufinden sind. Für Marta Schreieck und Dieter Henke beginnt Architektur immer mit städtebaulicher Analyse. Architektur wirkt in ihr Umfeld. Das Umfeld wirkt auf die Architektur. Die Beziehungen von Außen- und Innenraum, das Verschränken dieser Räume wurde bereits in diesem Gebäude zu einem Topos, der bis heute die Arbeit von Marta Schreieck und Dieter Henke prägt.

Der ebenfalls aus einem Wettbewerb hervorgehende, 1993 realisierte **Wohnbau für die Österreichische Beamtenversicherung in der Frauenfelderstraße** im 17. Wiener Bezirk stellt sich für Henke Schreieck als bis heute gültiges gebautes Manifest dar. Das Grundstück liegt an der Ecke eines gründerzeitlichen Rastergevierts mit angrenzendem Freiraum. Ein längerer Flügel, der in zwei Zeilen gestapelte Maisonetten und im Erdgeschoss Kleinwohnungen umfasst, erstreckt sich entlang der Straße. Im Hof ist eine Halle angelegt, die gewerblich genützt wird. Insgesamt wurden hier 40 Wohneinheiten sowie 850 m^2 Geschäftsfläche realisiert. Eine Zugangstreppe führt zum begrünten Dach dieser Halle. Das Bauwerk zeigt auf mehreren Ebenen, wie Wohnbau im Quartier, als Dialog mit der umgebenden Stadt, gelingen kann.

Es folgen Entwürfe und Realisierungen von gewerblichen Bauten, mixed used Gebäuden, Hotels sowie eine Reihe von Bildungsbauten. Ab den 2000ern entstanden vorwiegend Bürohäuser, zuletzt der **Erste Campus** in Wien. In ihm bildet sich ein Verständnis von Stadt ab, das Arbeit, Wohnen und Freizeit nicht mehr getrennt voneinander denkt und besonders die Verflechtung von öffentlichem und privatem Raum auch im

Inneren des Gebäudes paradigmatisch durchspielt. Diese Durchdringung spielte bereits bei der Planung des Bürogebäudes für **Borealis** eine wesentliche Rolle. Hier wurde ein gemeinschaftlich nutzbarer, halböffentlicher Raum, mangels eines attraktiven Umfelds, in das Innere des Hauses verlegt. Ein über alle Geschoße reichendes Atrium bildet das Kommunikationszentrum für alle Mitarbeiter/inen und Besucher/innen.

Prägend für all diese Bauten ist ihre Präzision – sowohl in Maßstab und Konstruktion als auch in der Materialwahl. Henke Schreieck tasten sich über großformatige Modelle an Proportion und Material heran. Das Wachsen der Entwürfe geschieht in Kommunikation mit den Bauherren, mit dem eigenen Team, aber auch mit Partner/innen aus Statik, Landschaftsarchitektur, aus der bildenden Kunst. Seit 1994 arbeiten sie mit Gavin Rae zusammen, der zu einem wichtigen Partner geworden ist.

In Jury- wie Beiratstätigkeit sind Henke Schreieck seit Jahren aktiv, auch die Lehre zählt zu ihrer Vermittlungstätigkeit. 1993 nahm Marta Schreieck einen Lehrauftrag an der Universität Innsbruck und 1995 eine Gastprofessur an der Akademie der bildenden Künste Wien wahr. 2004 gestaltete sie als Kommissärin den österreichischen Beitrag zur Architekturbiennale in Venedig. Seit 2005 ist Marta Schreieck Mitglied der Akademie der Künste in Berlin. Sie gehörte zahlreichen Beiräten an, unter anderem dem Architekturbeirat der Bundesimmobiliengesellschaft 2009 – 13 und dem Beirat für Architektur und Design 2009 – 14, in dem 2017 Dieter Henke nachfolgte. Zu den für die österreichische Architekturlandschaft wichtigsten Aufgaben zählt Schreiecks Präsidentinnenschaft für die zv Zentralvereinigung der ArchitektInnen Österreichs von 2007 – 17, in der sie den Berufsstand immer wieder kritisch im Licht der Öffentlichkeit reflektierte. Die Liste der Preise und Auszeichnungen für Henke Schreieck ist lang. Sie reicht – in einer kleinen Auswahl – von ZV Bauherrenpreisen für das Wohnhaus Frauenfelderstraße, die SOWI Innsbruck, die Fachhochschule Kufstein und die AHS Heustadelgasse Wien 22, den Büro- und Ausstellungspavillon Bene / Zumtobel-Staff und das Bürohochhaus Hoch Zwei sowie den Erste Campus, über die Adolf Loos-Preise 1995 und 1997 für Hackinger Steg und Bruno Kreisky-Schule. Letztere wurde auch mit dem Piranesi-Architekturpreis ausgezeichnet. 2000 erhielten Henke Schreieck den Preis der Stadt Wien. 2015 wurde Marta Schreieck das Silberne Ehrenzeichen für Verdienste um das Land Wien verliehen, 2016 erging diese Ehrung an Dieter Henke.

Aktuell arbeitet das Büro am Projekt **TrIIIple**, drei Hochhäusern, die eine gemeinsame Plattform in Vernetzung mit der umgebenden Stadt formen sollen. Auch hier steht die Verbindung von Innen und Außen im Fokus und die Verpflichtung, die sich Henke Schreieck selbst auferlegt haben, jedem Projekt Räume einzuschreiben, die über die eigentliche Aufgabe hinausgehen und der Allgemeinheit etwas zurückgeben, was sie durch die Verbauung von Raum für sich beanspruchen.

→ **Henke Schreieck**

Marta Schreieck and Dieter Henke have been working together as Henke Schreieck since 1982. They both come from Tyrol, were born in Innsbruck and Kössen respectively and were significantly shaped by their time at the Academy of Fine Arts Vienna as students of Roland Rainer with whom they worked from 1981/82, both in his office and as assistants in the Institute of Urban Planning.

Henke Schreieck initially took on small projects but soon switched scales and almost exclusively participated in competitions for large, complex buildings. Two competition successes in the late 1980s enabled them to realise buildings that remain key projects in the biography of the office to this day. The first of these, the **Faculty of Social and Political Sciences of the University of Innsbruck**, completed in 1999, was acclaimed by architectural critics: *"The roots of this successful*

building lie in its idea. The idea of an 'Open University', which constantly and flexibly redefines its role in the economy and in society, in the city and in the country, in education, culture and tourism – and which is given a built form that illustrates these values. [...] The idea of openness creates a legal status for a building that reaches far into socio-political relationships. Openness can mean many things and architecture can take such a label seriously, 'represeting' it and translating it into a spatial experience. In the case of the faculty building praise is rightly showered upon both the longitudinal and transverse permeability (which leads to wonderful spatial sequences and a new way of experiencing the urban surroundings) and, above all, the permeability in the sense of interior-exterior views and inside-outside relationships. The building is 'penetrated' by not only the city with its flood of images but also the stunning natural environment that is ever present, from the lecture theatres and the spaces of the institutes to the large central hall. Here, the architecture was not only driven to achieve a level of excellence but also rediscovered the cultural and socio-political role that is always contentious in the Alpine Region."
Friedrich Achleitner

This text addressed a number of basic parameters that reemerged as aspirations in all the subsequent projects of Henke Schreieck. For Marta Schreieck and Dieter Henke architecture always begins with urban analysis. Architecture affects its environment. The environment affects architecture. The relationships between external and internal space and the interweaving of these became a topos in this building that shapes the work of Marta Schreieck and Dieter Henke to this day.

The **residential building** for the Österreichische Beamtenversicherung in Frauenfelderstraße in Vienna's 17th district in 1993 that was also realised on the basis of a competition continues to act as a built manifesto for Henke Schreieck. The site is located at the corner of a late-nineteenth-century perimeter block and is adjacent to an open space. A longer wing comprising two rows of maisonettes above small ground-floor apartments lines the street. The courtyard contains a hall that is used commercially. A total of 40 residential units as well as 850 m² of retail space were built. An access stair leads to the green roof of the hall. The project demonstrates many ways in which a residential project can be inserted into a quarter and establish a dialogue with the surrounding city.

This was followed by the design and realisation of several commercial and mixed-use buildings and hotels as well as a series of educational buildings. Since the 2000s Henke Schreieck have predominantly built office projects, most recently the **Erste Campus** in Vienna. This embodies an understanding of the city that is no longer separated into the functions of working, living and leisure and regards the integration of public and private space, also within buildings, as a paradigm. This notion of penetration already played an important role in the design of the office building for **Borealis.** Here, the unattractiveness of the surroundings led to the decision to transfer a communally usable, semi-public space into the interior of the building. An atrium that climbs the entire height of the building forms a centre of communication for all employees and visitors. All these buildings are notable for their precision – in terms of scale and construction as well as materials. Henke Schreieck investigate the issues of proportion and material with the help of large-format models. Designs develop in communication with the client and the office's own team as well as with partners from structural engineering and landscape design as well as the fine arts. The office has been working with Gavin Rae, who has become an important partner, since 1994.

Henke Schreieck have been active for many years as jury members and advisors while teaching is also important to their mediatory role. Marta Schreieck accepted a lectureship at the University of Innsbruck in 1993 and a visiting professorship at the Academy of Fine Arts Vienna in 1995. She was the Commissioner of the Austrian Contribution to the Architecture Biennale in Venice in 2004 and has been a member of the Academy of Arts in Berlin since 2005. She has belonged to numerous advisory committees including the Architectural Advisory Committee of the Bundesimmobiliengesellschaft between 2009 and 2013 and the Advisory Committee on Architecture and Design between 2009 and 2014, a role in which she was followed by Dieter Henke in 2017. Among Schreieck's key contributions to the Austrian architectural landscape were her presidency of the zv, the Central Association of Austrian Architects, between 2007 and 2017 during which she repeatedly reflected critically, and publically, on the state of the profession. The list of prizes and awards received by Henke Schreieck is long. A small selection of these stretches from the Client Prize of the zv (for the Frauenfelderstraße residential building, SOWI Innsbruck, Kufstein University of Applied Sciences, AHS Heustadelgasse in Vienna's 22nd district, the Bene/Zumtobel-Staff office and exhibition pavilion, the Hoch Zwei office tower and the Erste Campus) to the Adolf Loos Prizes in 1995 and 1997 for Hackinger Steg and the Bruno Kreisky School, the latter of which also received the Piranesi Architecture Prize. Henke Schreieck received the Prize of the City of Vienna in 2000 while the Decoration of Honor in Silver for Services to the Province of Vienna was awarded to Marta Schreieck and Dieter Henke in 2015 and 2016 respectively.

The office is currently working on TrIIIple, three office towers that should form a joint platform in connection with the surrounding city. This project also focusses on the combination of inside and outside – and also on the obligation that Henke Schreieck have imposed upon themselves of creating spaces in every project that go beyond the actual project brief and of using such developments to return something to the public realm.

→

AHS
Allgemeinbildende Höhere Schule,
1220 Wien
1992 – 2002
AHS
Secondary school,
1220 Vienna
1992 – 2002

Henke Schreieck

←
SOWI –
Sozial- und Wirtschafts-
wissenschaftliche
Fakultät der Universität
Innsbruck, 1994 – 98
SOWI –
Faculty of Social and Political
Sciences of the University
of Innsbruck, 1994 – 98

↑
Borealis Innovation
Headquarters, Linz
2008 – 09
Borealis Innovation
Headquarters, Linz
2008 – 09

↓ →
**Erste Campus,
1100 Wien
2009–15**
Erste Campus,
1100 Vienna
2009–15

→ **Sagmeister & Walsh**

Jessica Walsh, geboren in New York, wuchs in der Nähe von Ridgefield, Connecticut, auf. Sie studierte Grafikdesign an der Rhode Island School of Design und schloss dort 2008 mit einem Bachelor ab, ehe sie nach New York zog, um zunächst ein Praktikum bei Pentagram unter der Leitung von Paula Scher zu absolvieren. Sie arbeitete für Printmagazine, arbeitete als Illustratorin und gestaltete zahlreiche Bücher, Zeitschriften, darunter auch Ausgaben des „New York Times Magazine". 2010 begann sie in Stefan Sagmeisters Studio zu arbeiten; zwei Jahre später wurden Sagmeister & Walsh Partner. Jessica Walsh war damals 25 Jahre alt. Sie arbeitet vorwiegend in den Bereichen Typografie, Website Design, Branding, realisiert aber auch freie künstlerische Arbeiten. Jessica Walsh hat in den letzten Jahren für zahlreiche Auftraggeber gearbeitet, darunter Levi's, Aizone und Adobe. Sie zeichnet verantwortlich für den neuen Auftritt von The Jewish Museum of New York sowie von The Aldrich Contemporary Art Museum. Mit **Six Things**, einer Ausstellung, die 2013 für fünf Monate im Jewish Museum of New York lief und sechs Momente aus Stefan Sagmeisters persönlicher Glückssuche visualisierte und diese auf ihren Bezug zu Religion und Wohlstand untersuchten, war das Team Sagmeister & Walsh erstmals im Ausstellungskontext präsent. Es folgte eine Reihe von soziokulturellen Versuchsanordnungen. So startete Jessica Walsh mit Tim Goodman 2013 ein Experiment mit dem Titel **40 Days of Dating**, dem 2016 ein weiteres soziales Experiment folgte: **12 Kinds of Kindness** – Protokolle alltäglicher Reaktionen von Menschen auf zwölf verschiedene Weisen, Güte und Liebenswürdigkeit auszudrücken. Die Aktion wurde ins Netz übertragen. Aus den realen Momenten und Begegnungen wurde innerhalb eines Jahres ein ganzer Katalog an Ideen. Neben ihrer Arbeit unterrichtet Jessica Walsh Design und Typografie an der School of Visual Arts in New York und ist Mitglied der Creative Artists Agency. Im Rahmen der von ihr gegründeten Initiative **Ladies Wine & Design** versucht sie, ein Netzwerk ambitionierter Gestalterinnen wachsen zu lassen, das mittlerweile in über 170 Städten der Welt in Form von Salonabenden zusammenkommt.

Stefan Sagmeister wurde in Bregenz geboren. Während seiner Schulzeit gestaltete er bereits das anarchistische Magazin „Alphorn". Er studierte zunächst Ingenieurswesen, wechselte jedoch bald zum Fach Grafikdesign an die Universität für angewandte Kunst Wien. Mit einem Fulbright-Stipendium studierte er am Pratt Institute in New York. Darauf folgte ein längerer Aufenthalt in Hongkong als Grafiker der Werbeagentur Leo Burnett. 1993 zog er wieder nach New York und gründete dort seine Agentur Sagmeister Inc. Sein erster internationaler Erfolg gelang ihm mit der Gestaltung des Albumcovers „Mountains of Madness" für die Grunge Band H. P. Zinker. Es folgten Plakat- und Covergestaltungen für Lou Reed, Aerosmith, The Rolling Stones, The Talking Heads, Pat Metheny. 1997 und 1999 gestaltete er Poster für das American Institute of Graphic Arts, Covers für „Print" (März/April 1996) sowie die New York-Ausgabe des japanischen Designmagazins „Idea". Stefan Sagmeister unterrichtet an der School of Visual Arts in New York und wurde zum Frank Stanton Chair an der Cooper Union School of Art ernannt. Er wurde sechsmal für den Grammy nominiert und gewann ihn viermal, u.a. für das Albumdesign von „Once in a Lifetime" der Talking Heads und für „Everything That Happens Will Happen Today" von David Byrne und Brian Eno. Mit jedem dieser Entwürfe gelang es ihm auf ganz spezifische Weise, musikalische Inhalte zu visualisieren.

2008 publizierte er das Buch **Things I heave learned in my life so far**, eine ehrliche, humorvolle Zusammenschau von Lebensweisheiten, illustriert und aufgeschlüsselt in Form diverser Gestaltungen von Billboards, Lichtkästen, Covers, Modeprospekten, als Projektionen – immer überraschend, nie langweilig. In **The Happy Show**, die weltweit tourt, lotet Stefan Sagmeister die Grenzen zwischen Kunst und Design aus und überschreitet sie in Form eines Experiments am eigenen Körper und Geist. Die Ausstellung dokumentiert seine zehn Jahre andauernde Untersuchung des Themas Glück anhand von Videos, Drucken, Infografiken, Skulpturen und interaktiven Installationen. Nach dem Erfolg der **Happy Show** und des **Happy Film**, den er mit Ben Nabors 2016 am Tribeca Film Festival vorstellte, arbeitet er aktuell mit Jessica Walsh an Projekten zum Thema „Beauty" und der **Beauty Show**, die ab Oktober 2018 im MAK Museum für angewandte Kunst/Gegenwartskunst in Wien zu sehen sein wird.

Stefan Sagmeister erhielt zahlreiche Preise und Ehrungen, darunter 2013 das Goldene Ehrenzeichen für Verdienste um die Republik Österreich. Er hat an zahlreichen Ausstellungen teilgenommen und wird als Vortragender weltweit angefragt. Alle sieben Jahre macht das Studio für ein Jahr zu. In diesem Jahr ist Stefan Sagmeister auf Sabbatical, meist an vier Orten, verteilt über ein Jahr. In dieser Zeit wird gearbeitet, aber ohne Verwertungsdruck, selbstbestimmt, angetrieben von eigenen Interessen.

Bezogen auf die Herangehensweise des Studios an gestalterische Fragen, ist genaues und kritisches Hinschauen und Hinhören Ausgangspunkt für jeden Entwurf. Vieles ist laut Jessica Walsh und Stefan Sagmeister jedoch vor allem eine Frage der Haltung sowie der Fähigkeit, Ziele im Auge zu behalten, Gestaltungsprinzipien zu hinterfragen und aus Fehlern zu lernen. So erneuert sich das Studio Sagmeiter & Walsh ständig, pflegt eine Form von Zeitgenossenschaft wie nur wenige, ist stilprägend durch gewagte Interventionen und mutig auch beim Formulieren großer Thesen. Die neue These heißt: Schönheit entsteht im Gestaltungsprozess nur durch Intention. Wer schöne Objekte machen will, braucht Disziplin und macht damit sein Umfeld ein Stück weit menschlicher, ermöglicht Großzügigkeit und hilft auch noch, Dinge wirklich so funktional zu gestalten, dass man sie gerne benützt.

→ **Sagmeister & Walsh**

Jessica Walsh was born in New York and grew up near Ridgefield, Connecticut. She studied graphic design at the Rhode Island School of Design where she received her bachelor's degree in 2008 before moving to New York to take up an internship at Pentagram under Paula Scher. She worked for Print Magazine and as an illustrator and designed numerous books and magazines, including editions of the "New York Times Magazine". In 2010 she began working in Stefan Sagmeister's studio; two years later Sagmeister & Walsh were partners. Jessica Walsh was then 25 years old. She principally works in the areas of typography, website design and branding but also realises creative artistic work. In the past ten years Jessica Walsh has worked for numerous clients including Levi's, Aizone and Adobe. She is responsible for the new presence of the Jewish Museum of New York and The Aldrich Contemporary Art Museum. The first foray of the team Sagmeister & Walsh into the exhibition context was **Six Things**, an exhibition that ran for five months at the Jewish Museum of New York in 2013 and visualised six moments in Stefan Sagmeister's personal search for happiness and investigated the relationship of these moments with religion and prosperity. This was followed by a series of socio-cultural experimental arrangements. For example, Jessica Walsh started an experiment with Tim Goodman in 2013 entitled **40 Days of Dating** which was followed in 2016 by a further social experiment: **12 Kinds of Kindness** which recorded people's everyday reactions to twelve different ways of expressing kindness and generosity. The action was broadcast on the Internet. Within a year these real moments and encounters had generated an entire catalogue of ideas. In addition to her work Jessica Walsh teaches design and typography at the School of Visual Arts in New York and is a member of the Creative Artists Agency. The initiative **Ladies Wine & Design**, which she set up as an attempt to establish a network of ambitious female designers, now meets at salon evenings in 170 cities around the world.

    Stefan Sagmeister was born in Bregenz. While still at school he designed the anarchist magazine "Alphorn". He started studying engineering but soon switched to studying graphic design at the University for Applied Arts Vienna. A Fulbright Scholarship enabled him to attend the Pratt Institute in New York. He then spent a long period in Hong Kong working as a graphic designer with the advertising agency Leo Burnett. In 1993 he returned to New York where he founded his agency Sagmeister Inc. His first international success came with the cover design for the album "Mountains of Madness" for the grunge band H. P. Zinker. This was followed by poster and cover designs for Lou Reed, Aerosmith, The Rolling Stones, Talking Heads and Pat Metheny. He designed posters for the American Institute of Graphic Arts in 1997 and 1999, covers for "Print" (March/April 1996) and the New York edition of the Japanese design magazine "Idea". Stefan Sagmeister teaches at the School of Visual Arts in New York and was appointed to the Frank Stanton Chair at Cooper Union School of Art. He has been nominated for six Grammys and won four, including for the design of the albums "Once in a Lifetime" by Talking Heads and "Everything That Happens Will Happen Today" by David Byrne and Brian Eno. In each of his designs he succeeds in finding a very specific way of visualising musical content.

In 2008 he published the book **Things I have learned in my life so far**, an honest and humorous collection of worldly wisdom, illustrated and organised in the form of diverse designs for billboards, light boxes, covers, fashion catalogues and projections – always surprising, never boring. In **The Happy Show**, which is touring globally, Stefan Sagmeister tests the borders between art and design and crosses these in the form of an experiment on his own body and soul. The exhibition documents his ten years of continuous investigation of the subject of happiness with the aid of videos, prints, information graphics, sculptures and interactive installations. Following the success of the **Happy Show** and the **Happy Film**, which he presented with Ben Nabors at the Tribeca Film Festival in 2016, he is currently working with Jessica Walsh on projects on the subject of "Beauty" as well as the **Beauty Show**, which can be seen at the MAK Museum of Applied Arts/Contemporary Arts in Vienna from October 2018.

    Stefan Sagmeister has been awarded numerous prizes and honours including the Decoration of Honor in Gold for Services to the Republic of Austria in 2013. He has participated in many exhibitions and is in demand as a speaker worldwide. Every seven years the studio closes for a year. In this year Stefan Sagmeister is on sabbatical, generally in four places, spread across the year. Work is done during this period, but without commercial pressure, self-reliant and driven by personal interest.

    With regard to the studio's approach to questions of creativity, each design starts with precise and critical looking and hearing. However, according to Jessica Walsh and

Stefan Sagmeister, a key role is also played by attitude and by the ability to keep an eye on the goal, to question design principles and to learn from mistakes. In this way, the studio Sagmeister & Walsh renews itself constantly, maintains a form of collective which is very rare, is stylistically influential as a result of its daring interventions and courageous in the formulation of major theories. The latest such theory states that beauty can only arise during the creative process as a result of intention. Those who want to create beautiful objects require the discipline that will make their environment a little more human, encourage generosity and help them to design things that are so functional that they are a pleasure to use.

↑
12 Kinds of Kindness

The Happy Show
Trying to Look Good
Limits My Life

↑
Keeping a Diary
Supports Personal
Development

→
The Happy Film
Poster

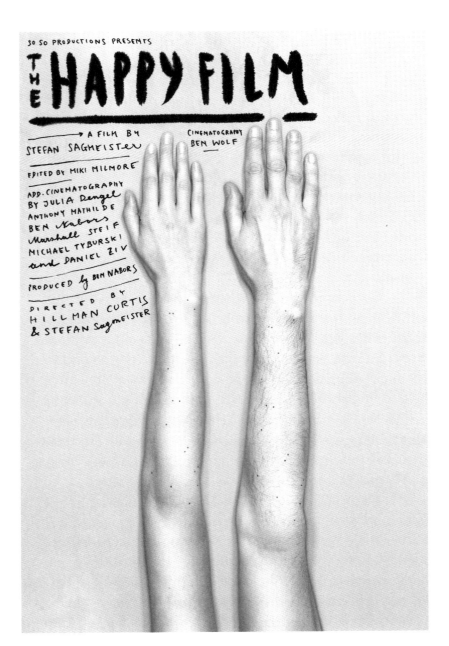

LAAC

Das Architekturbüro LAAC, gegründet von Kathrin Aste und Frank Ludin, entwickelt und erforscht seit mehr als zehn Jahren, gemeinsam mit einem Netzwerk von Partner/innen und Expert/innen aus verschiedenen Disziplinen, innovative Antworten auf urbane und landschaftliche Herausforderungen. Für LAAC steht der architektonische Raum immer im Austausch und im Kontext mit seiner Umwelt. Mit diesem kontextorientierten Verständnis von Architektur ist LAAC bestrebt, Ort und Identität sowie Form und Materialität in Relation zu bringen. Architektur wird dabei als Resultat von Prozessen und als Verzeichnis von Beziehungen verstanden.

Sucht man nach der architektonischen Herkunft von LAAC, findet man diese in Innsbruck. Trotz des mittelstädtischen Formats der Stadt erreichte die Architekturfakultät Innsbruck durch Professoren wie Volker Giencke, Kjetil Thorsen und Patrick Schumacher internationale Bedeutung sowohl in der Forschung als auch in der Architekturpraxis. Kathrin Aste war Studentin von Volker Giencke und unterrichtete zehn Jahre lang an dessen Seite am studio3. Frank Ludin war ebenfalls Student von Giencke und lehrte am Institut für Hochbau, als Kjetil Thorsen und Patrick Schumacher dort die Leitung innehatten.

Als erste Generation von Architekt/innen, deren Ausbildung stark durch digitale Möglichkeiten geprägt wurde, ist für beide das Potenzial des Virtuellen und dessen Bedeutung für die Genese von Ort und Raum methodische Basis für die Entwurfspraxis. Die architektonische Sprache von LAAC hat ihr Vorbild in der ausdruckhaften Landschaft des alpinen Raums – in einer Topografie, die das Resultat von verschiedenen Kräften,

Prozessen und Beziehungen ist. Dass die Natur, wie es Lars Spuybroek in „The Sympathy of Things" ausdrückt, eine architektonische Tendenz hat, zeigen LAAC in einem ihrer ersten Projekte, der Aussichtsplattform **Top of Tyrol**, und entwickeln dabei eine Architektur, die im Kontrast steht zwischen natürlichen Bedingungen und kulturtechnischen Reaktionen. Die Qualität dieser Plattform resultiert nicht aus einem Einfügen im Sinne des Versteckens des Gebauten in der Landschaft, sondern vielmehr im Erfassen von räumlich und phänomenologisch maßgeblichen Parametern der Umgebung. So können sich Natur und Kultur über ein Bauwerk gleichwertig begegnen.

Der Biennale-Beitrag von LAAC **Sphäre 1:50.000** zeigt, dass der Begriff Freiraum, wie auch jener der Landschaft, vielschichtig wahrgenommen werden kann. So wird Freiraum einerseits als physisch erlebbarer Raum und andererseits als ideelles Konstrukt behandelt. Freiräume sind Räume der Freiheit, in denen sich Menschen, Tiere und Pflanzen ihren Raum sprichwörtlich nehmen können, und sind daher nicht bloße Fortsetzung von Bebauungsökonomien. Der **Landhausplatz** in Innsbruck, den LAAC gemeinsam mit Architekt Hannes Stiefel und Künstler Christopher Grüner entwickelt hat, verdeutlicht diesen Ansatz. Das interdisziplinäre Team beschäftigte sich für diese Aufgabe mit dem Schaffen und Verändern von Kontexten, um die Wahrnehmung des Ortes und der bestehenden Objekte zu hinterfragen. Ähnlich wie bei natürlichen Systemen löst die Gestalt der Architektur des Platzes Aktionen und Reaktionen aus und die formale Transformation schafft Veränderung und neue Möglichkeiten in der Wahrnehmung und in der Nutzung. Zentrale Aufgabe war die Integration bestehender Denkmäler und des Landhauses als Bauwerk, das in den Platz übergeht.

Die Denkmäler sollten ihre Funktion als Zeitzeugen weiterhin behalten und wurden im neuen Konzept Teil einer Erinnerungslandschaft als Critical Environment. Heute ist der Landhausplatz ein moderner, urbaner, öffentlicher Raum, in dem die widersprüchlichen Bedingungen des Ortes, seiner Umgebung und die verschiedenen Benützer/innen interagieren.

Immer wieder operiert LAAC mit dem Begriff der Koexistenz. Ko-Existenz impliziert das gleichzeitige Auftreten und Vorhandensein verschiedener Systeme an einem bestimmten Ort, was verdeutlicht, dass Existenz und Topos zusammengehören und voneinander abhängig sind. Diese Schlussfolgerung fördert eine Architektur, in der Vielheit zu einer differenzierten, vielschichtigen Einheit wird. Ein Gebäude, das dieses anspruchsvolle Konzept, diese Idee einer „Urbanissima", wie LAAC es nennt, verfolgt, ist das Projekt PEMA 2 in Innsbruck. Das 50 Meter hohe Bauwerk ist schon jetzt, während seines Entstehens, als architektonisch und tektonisch hoch differenziertes Gebilde erkennbar und wird sich durch Nutzungsvielfalt und Öffentlichkeit auszeichnen. Es zeigt, dass architektonische Konzepte die Beziehungen und das Spannungsfeld öffentlicher und privater Interessen so gestalten und organisieren können, dass dabei ein neuer Impuls entsteht, der die vielschichtigen kulturellen, sozialen und wirtschaftlichen Angelegenheiten unseres Lebens deutlich machen und in sich aufnehmen kann.

LAAC versteht den architektonischen Entwurf als eine komplexe und heteronome ästhetische Praxis, mit deren Hilfe ein Diskurs konstruiert oder dekonstruiert werden kann. Dabei ist der Entwurfsprozess nicht an eine lineare Abfolge gebunden, vielmehr kann er sich in viele Richtungen entfalten – heterogen und singulär –, weshalb es nicht im Sinne von LAAC ist, eine einheitliche, formal ästhetische Kategorie als Handlungsmodell zu definieren. So präsent die Form in ihrer Architekturpraxis auch sein mag, die Architektur von LAAC ist nicht formalistisch, sondern immer eine Reflexion auf die Möglichkeiten des Raums und auf das, was ein Ort sein könnte. Was alle Projekte von LAAC verbindet, ist ein freudiges Verhandeln der Architektur als Landschaft mit einer künstlerischen Beschaffenheit und einer gesellschaftspolitischen Relevanz.

→ **LAAC**

The architectural office LAAC, which was founded by Kathrin Aste and Frank Ludin, has been developing and researching innovative answers to urban and landscape challenges for more than ten years, together with a network of partners and experts from a range of disciplines. For LAAC, architectural space is engaged in a constant dialogue with its environment. On the basis of this context-oriented understanding of architecture LAAC strives to establish relationships between place and identity, form and materiality. As a result, architecture is understood as the outcome of processes and as a register of relationships.

The architectural origins of LAAC can be traced to Innsbruck. Despite the medium-sized format of the city the Faculty of Architecture of the University of Innsbruck achieved international prominence in both research and practice due to the presence of professors such as Volker Giencke, Kjetil Thorsen and Patrik Schumacher. Kathrin Aste was a student of Volker Giencke and taught for ten years alongside him in the studio3.

Frank Ludin was also a student of Giencke and taught at the Institute for Experimental Architecture.Hochbau under the leadership of Kjetil Thorsen and Patrik Schumacher.

As members of the first generation of architects whose training was strongly shaped by digital possibilities both Kathrin Aste and Frank Ludin regard the potential of the virtual and the significance of this for the creation of place and space as a methodical basis for the practice of design. The architectural language of LAAC is inspired by the richly expressive landscape of the Alpine Region – by a topography that is the result of a number of different forces, processes and relationships. The notion that nature has an architectural tendency, as expressed by Lars Spuybroek in "The Sympathy of Things" is demonstrated by LAAC in one of their first projects, the **Top of Tyrol** viewing platform, in which they develop an architecture that emerges from the contrast between natural conditions and cultural-technical reactions. The quality of this platform results not from an insertion in the sense of hiding the building in the landscape but, much more, in the capturing of spatially and phenomenologically significant parameters from the surroundings. In this way nature and culture can meet as equal partners in the form of a building.

Sphäre 1:50.000, the Biennale contribution from LAAC, demonstrates that the notion of Freespace, like that of landscape, can be perceived in a number of ways: on the one hand as physically tangible space and, on the other, as an immaterial construct. Free spaces are spaces of freedom in which people, animals and plants can, literally, take their place – which means that they are far more than mere products of development plans. **Landhausplatz** in Innsbruck, which LAAC developed together with the architect Hannes Stiefel and artist Christopher Grüner, illustrates this approach. To carry out the project the interdisciplinary team addressed the creation and alteration of contexts as a means of analysing the perception of a place and of its existing objects. In a similar way to natural systems the form of the architecture of the square triggers actions and reactions and the formal transformation leads to change and new opportunities in terms of both perception and use. The key task was the integration of the existing monuments and the Landhaus as a built object that merges into the square. The monuments should retain their function as historical witnesses while becoming part of a landscape of memories, a critical environment, within the new concept. Today, Landhausplatz is a modern, urban and public space in which the contradictory conditions of the place, its surroundings and the various users interact.

LAAC consistently works with the notion of coexistence. Co-existence implies the simultaneous appearance and presence of various systems in a specific place, a phenomenon that illustrates the way in which existence and topos not only belong together but also depend upon each other. This conclusion demands an architecture in which multiplicity becomes a differentiated, complex unity. One building that pursues this demanding concept, this idea of an "Urbanissima," as LAAC calls it, is PEMA 2 in Innsbruck. Even before completion the 50-metre-high building is recognisable as an architecturally and tectonically highly-differentiated structure and it will be characterised by its variety of uses and its openness. It demonstrates that architectural concepts can shape and organise the relationships and tensions between public and private interests in such a way that a new impulse emerges that can shed light upon and assimilate the complex cultural, social and economic aspects of our life.

LAAC understands architectural design as a complex and heteronomous aesthetic practice with the help of which a discourse can be constructed or deconstructed. In this context the design process is not bound to a linear sequence but, rather, can develop in many directions – heterogeneous and singular – which is why it is contrary to the spirit of LAAC to define a uniform, formal aesthetic category as a model for action. Regardless of the importance of form in its work, the architecture of LAAC is not formalistic, but always a reflection on the possibilities of a space and on that which a place could become. The common feature of all the projects of LAAC is an enthusiastic treatment of architecture as a landscape with an artistic character and socio-political relevance.

→

Landhausplatz
Platzgestaltung
Innsbruck
Realisierung 2010
Landhausplatz
Design of public square
Innsbruck
Realisation 2010

↑
Stadtnaht Dornbirn
Innenstadterweiterung
Realisierung 2017
Stadtnaht Dornbirn
Downtown enhancement
Realisation 2017

→
Top of Tyrol
Aussichtsplattform
Realisierung 2009
Top of Tyrol
Viewing platform
Realisation 2009

←
PEMA 2
**Hybridgebäude mit
Stadtbibliothek, Wohnhochhaus
und öffentlichem Platz
Innsbruck
Realisierung ab 2016**
PEMA 2
Hybrid building with
city library, residential high-rise
building and public square
Innsbruck
Realisation from 2016

↑
**MPREIS Weer
Lebensmittelmarkt
Realisierung 2017**
MPREIS Weer
Food market
Realisation 2017

BAI Bauträger Austria Immobilien GmbH | www.bai.at

→ **Kunst – Ein Teil der Identität**

Kunst erfreut, Kunst irritiert, Kunst hinterfragt. Kunst vermag neue Perspektiven zu eröffnen. Deshalb ist es der BAI ein Anliegen mit KünstlerInnen zusammenzuarbeiten. Dabei ist Kunst von Anfang an integraler Bestandteil des Entstehungsprozesses. Sie dient als Impulsgeberin für die Architektur, aber auch als Inspirationsquelle für das Unternehmen selbst. Die Ergebnisse der künstlerischen Kooperationen finden sich in den Gebäuden selbst wie auch in einzelnen Interventionen bis hin zur medialen Kommunikation. Sie prägen damit die Identität des Unternehmens und schaffen somit einen nicht nur ästhetischen Mehrwert.

→ **Art – A Part of our Identity**

Art pleases, art irritates, art challenges assumptions. Art can open new perspectives. For BAI it is an important concern to collaborate with artists. Art is an integral part of the development process from its very inception. It gives impetus to the architecture, but also serves as a source of inspiration for the company itself. The results of the artistic cooperation manifest themselves in the buildings as well as in single interventions culminating in media communication and therefore shape the corporate identity and create not only an aesthetic additional benefit.

Künstler zu „Ideen brauchen Raum" / **Michail Michailov**, *Untitled #33 (from the series chameleon),* 2017

Partner

www.bundeskanzleramt.gv.at

→ Im Auftrag von:
Bundeskanzleramt der Republik Österreich,
Sektion II Kunst und Kultur
→ on behalf of:
The Austrian Federal Chancellery,
Arts and Culture Division

≡ Bundeskanzleramt

Zumtobel Lighting GmbH | www.zumtobel.com

→ Licht hat eine Schlüsselrolle, wenn es darum geht, Architektur aus ihrem rein funktionalen Denken zu befreien. Zumtobel möchte Architekt/innen bei ihrer Arbeit im öffentlichen Raum fördern und wir freuen uns sehr, die Installationen im Österreich-Pavillon mit Licht als zentralem Gestaltungselement aktiv zu unterstützen.
→ Light has a key role to play in liberating architecture from its purely functional mindset. Zumtobel likes to partner with architects working in public spaces and so we are delighted to actively support the installations in the Austrian pavilion with light as a central design feature. Alfred Felder | Acting President of Zumtobel Group

 ZUMTOBEL

Partner → with the support of:

Land Vorarlberg
www.vorarlberg.at

Stadt Dornbirn
www.dornbirn.at

Land Tirol
www.tirol.gv.at

Landeshauptstadt Innsbruck
www.innsbruck.gv.at

Innsbruck Tourismus Tourist Office
www.innsbruck.info

Bundeskammer der ZiviltechnikerInnen | Arch+Ing
„Austrian Architects"
www.arching.at

Kammer der ZiviltechnikerInnen | Arch+Ing
Tirol und Vorarlberg
www.kammerwest.at

Geschäftsstelle Bau der Bundesinnung Bau
und des Fachverbandes der Bauindustrie
www.wko.at

DIE ERSTE
Österreichische Spar-Casse Privatstiftung
www.erstestiftung.org

Wienerberger AG
www.wienerberger.com

Partner

Partner → with the support of:

Laufen Austria AG
www.laufen.co.at

Gebrüder Weiss Gesellschaft m.b.H.
www.gw-world.com

Waagner-Biro AG
www.waagner-biro.com

BIG Bundesimmobiliengesellschaft m.b.H.
www.big.at

Wien 3420 aspern Development AG
www.aspern-seestadt.at

Triflex GesmbH
www.triflex.at

Barta & Partner GmbH
www.bartaart.com

AluKönigStahl GmbH
www.alukoenigstahl.com

Cree GmbH
www.creebyrhomberg.com

rhtb: projekt gmbh
www.rhtb.at

Österreichisches Siedlungswerk
www.oesw.at

Partner → with the support of:

Land Vorarlberg
www.vorarlberg.at

Stadt Dornbirn
www.dornbirn.at

Land Tirol
www.tirol.gv.at

Landeshauptstadt Innsbruck
www.innsbruck.gv.at

Innsbruck Tourismus Tourist Office
www.innsbruck.info

Bundeskammer der ZiviltechnikerInnen | Arch+Ing
„Austrian Architects"
www.arching.at

Kammer der ZiviltechnikerInnen | Arch+Ing
Tirol und Vorarlberg
www.kammerwest.at

Geschäftsstelle Bau der Bundesinnung Bau
und des Fachverbandes der Bauindustrie
www.wko.at

DIE ERSTE
Österreichische Spar-Casse Privatstiftung
www.erstestiftung.org

Wienerberger AG
www.wienerberger.com

Partner

Partner → with the support of:

Laufen Austria AG
www.laufen.co.at

Gebrüder Weiss Gesellschaft m.b.H.
www.gw-world.com

Waagner-Biro AG
www.waagner-biro.com

BIG Bundesimmobiliengesellschaft m.b.H.
www.big.at

Wien 3420 aspern Development AG
www.aspern-seestadt.at

Triflex GesmbH
www.triflex.at

Barta & Partner GmbH
www.bartaart.com

AluKönigStahl GmbH
www.alukoenigstahl.com

Cree GmbH
www.creebyrhomberg.com

rhtb: projekt gmbh
www.rhtb.at

Österreichisches Siedlungswerk
www.oesw.at

Sachsponsoren → Sponsors in kind:

Lenikus GmbH www.lenikus.at	BIOWEINGUT **LENIKUS** WIEN
People's Viennaline | Altenrhein Luftfahrt GmbH www.peoples.at	PeOPLe's
Backhausen GmbH www.backhausen.com	Backhausen
Freifrau Sitzmöbelmanufaktur www.freifrau.eu	FREIFRAU®
Janua | Christian Seisenberger GmbH www.janua-moebel.com	JANUA®
Bellutti GmbH www.bellutti.at	BELLUTTI Out of Home
Edeltechnik Kluckner GmbH www.kluckner.at	EDEL TECHNIK
Ottakringer Brauerei AG www.ottakringerbrauerei.at	Ottakringer
Designfactory GmbH www.designfactory-ic.com	DESIGNFACTORY
Gmeiner Haferl Zivilingenieure www.gmeiner-haferl.com	gmeiner haferl bauingenieure
Erlacher GmbH www.erlacher.it	ERLACHER TISCHLEREI SEIT 1905
Conceptlicht.at GmbH www.conceptlicht.at	conceptlicht at
Georg Traugott GmbH www.traugott-tirol.com	
Holzbau Höck GesmbH www.hoeck.at	
Geogem ZTG Posch-Sollereder OG www.geogem.net	
Vöslauer Mineralwasser AG www.voeslauer.com	

Teilnehmer/innen → Participants:

Henke Schreieck | Vienna
Team: Dieter Henke, Marta Schreieck,
Buğra Çeteci, Danijel Dukic,
Conal Mc Kelvey, Gavin Rae, Bo Ye,
Martin Huber, Anna Rubin

LAAC | Innsbruck
Team: Kathrin Aste, Frank Ludin,
Simon Benedikt, Simone Brandstätter,
Julian Fahrenkamp, Daniel Luckeneder,
Ufuk Sagir, Felix Steinbacher,
Teresa Stillebacher, Tobias Dorsch

Sagmeister & Walsh | New York
Creative Direction:
Stefan Sagmeister & Jessica Walsh
Sound Design: Antfood
ASMR *Readings:* Gwen Swinarton
3D Type & Animation:
Andreas Wannerstedt, Alexa Sirbu,
Ben Fearnley, Bureau Klaus Alman,
foam Studio, Lukas Vojir, Lioncolony,
Machineast, Martín Salfity,
Phillip Reisch
Edit: Jason Bergman
2d Type / Design: Matteo Pani,
Daniel Brokstad, Shy Inbar,
Chen Yu, Zak Tebbal, Gabriela Nami,
Rachel Denti

Kommissärin | Kuratorin →
Commissioner | Curator:
Verena Konrad

Kuratorische Assistenz →
Curatorial Assistance:
Wolfgang Simma-Wallinger

Produktionsleitung →
Production Management:
Katharina Boesch,
Christine Haupt-Stummer / section.a

Visuelle Kommunikation →
Visual Communication:
Peter Felder und Maria Mascher-Felder
Felder Grafikdesign
Dank an Roland Stieger und
Clemens Theobert Schedler

Fotografen → Photographers:
Martin Mischkulnig, Darko Todorovic

Presse und Sponsoring →
Press and Sponsoring:
Susanne Haider, Sarah Hellwagner,
Clemens Kopetzky, Claudia Bochinz,
Florentina Renko / art:phalanx

Events → Customer Relations:
Cornelia Ellensohn

Buchhaltung → Accountancy:
Jörg Meißner

Webseite → Website:
Lisa Ugrinovich

Steuerrechtliche Projektbetreuung →
Tax Consultant:
Peter Bahl / Bahl Fend Bitschi Fend
Steuerberatung

Versicherung → Insurance:
Barta & Partner

Transporte → Transport:
Gebrüder Weiss

edig → Venice:

ordination → Coordination:
els Bruun, Alessia Girardi,
tislava Isakov / m+b studio

tik → Structural Engineer:
einer Haferl
ingenieure ZT GmbH
nke Schreieck)
| Weissteiner ZT (LAAC)
ardo Scattolin (Venedig / Venice)

nik → Media Support:
han Schaja,
t Tschuden / Esteban

ntkonzept → Light Concept:
nfred Draxl / conceptlicht.at
Zusammenarbeit mit
ntobel Lighting GmbH
nk an Herbert Resch

Produktion Sitzmöbel →
Production Seating Furniture:
Edith Berkmann,
Johannes Stattmann / MUST

Aufbauteam LAAC →
Construction Team LAAC:
Jakob Breitenlechner,
Michael Gassebner, Raphael Hanny,
Hannes Höck, Lisa Höck,
Fabian Lanzmaier, Lino Lanzmaier,
Thomas Obererlacher, Ufuk Sagir,
Teresa Stillebacher, Matthias Trobos,
Franz Sam (Konsulent)

Aufbauteam Henke Schreieck →
Construction Team Henke Schreieck:
Lichtraum → Light Space:
Anna Rubin, Ramlal Tien, Ulrich Scuhr,
Corrado Battori, Enrico Fabris
Konstruktion → Construction:
Stefan Gatterer, Miroslav Hudec,
Pavol Juhas, Manuel Kostner,
Elias Moroder, Fabian Oberhofer,
Oliver Prossliner, Mario Sacco,
Kevin Schieder, Martin Senoner,
Klaus Vieider, Günther Runggatscher
Wandbeschichtung → Wall Coating:
Gerold Ulrich, Paolo Pepe,
Massimo Pepe

Eventorganisation Venedig →
Event Planning Venice:
Tomas Ewald, Solmarino

Katalogkonzept → Catalogue concept:
Verena Konrad

Autor/innen → Authors:
Verena Konrad, Walter Ruprechter,
Kathrin Aste

Übersetzung → Translations:
Rupert Hebblethwaite,
Michaela Alex-Eibensteiner

Lektorat → Copy editing:
Claudia Mazanek

Korrektorat deutsch →
Proofreading English:
Claudia Mazanek
Rupert Hebblethwaite

Transkriptionen → Transcriptions:
Esther Karner

Gestaltung → Graphic design:
Felder Grafikdesign
Peter Felder, Maria Mascher-Felder

Lithografie → Lithography:
Günter König

Druck und Bindung →
Printing and binding:
Druckerei Thurnher Rankweil

Schrift → Typeface:
Alena von → by Roland Stieger

Papier → Paper:
MultiCard 15, 300 g/m²
Munken Polar, 130 g/m²
Bilderdruck glänzend, 150 g/m²
Napura Canvas NAC, 130 g/m²
IQ Color Pink, 120 g/m²
Mirror silver gloss, 120 g/m²

Fotografie → Photography:
Martin Mischkulnig
(20, 40, 92 – 100, 104 – 107, 109, 112 – 125, 136),
Marc Lins (60, 102, 108, 160, 162, 163),
Heinz Schmölzer (138), Werner Huthmacher (139)
Architekturzentrum Wien, Sammlung,
Foto: Margherita Spiluttini (134, 137)
Günter Richard Wett (158), LAAC (161)

© 2018
Verena Konrad, Kommissärin → Commissioner,
und → and Park Books AG, Zurich
© für die Texte: die Autor/innen
→ for the texts: the authors
© für die Bilder: die Künstler/innen
→ for the images: the artists

Park Books AG
Niederdorfstrasse 54
8001 Zurich
Switzerland
www.park-books.com

Park Books wird vom Bundesamt für Kultur mit einem Strukturbeitrag für die Jahre 2016 – 2020 unterstützt. → Park Books is being supported by the Federal Office of Culture with a general subsidy for the years 2016 – 2020.

Alle Rechte vorbehalten; kein Teil dieses Werks darf in irgendeiner Form ohne vorherige schriftliche Genehmigung des Verlags reproduziert oder unter Verwendung elektronischer Systeme verarbeitet, vervielfältigt oder verbreitet werden. → All rights reserved; no part of this publication may be reproduced, stored in a retrieval system or transmitted in any form or by any means, electronic, mechanical, photocopying, recording, or otherwise, without the prior written consent of the publisher.

ISBN 978-3-03860-116-6

Impressum → Imprint